车用涡轮增压器的气动与振动声学

Aero and Vibroacoustics of Automotive Turbochargers

[德] 雄阮－舍费尔 (Hung Nguyen–Schäfer) 著

曹贻鹏　张文平　刘晨　译

国防工业出版社

·北京·

著作权合同登记　图字:军-2018-042号

图书在版编目(CIP)数据

车用涡轮增压器的气动与振动声学/(德)雄阮-舍费尔(Hung Nguyen-Schäfer)著;曹贻鹏,张文平,刘晨译. —北京:国防工业出版社,2019.5
书名原文:Aero and Vibroacoustics of Automotive Turbochargers
ISBN 978-7-118-11737-0

Ⅰ.①车… Ⅱ.①雄… ②曹… ③张… ④刘… Ⅲ.①汽车—活塞式发动机—涡轮增压器—气动力—研究②汽车—活塞式发动机—涡轮增压器—声—振动—研究 Ⅳ.①U464.135

中国版本图书馆 CIP 数据核字(2018)第 286981 号

※

国防工业出版社出版发行

(北京市海淀区紫竹院南路 23 号　邮政编码 100048)

三河市众誉天成印务有限公司印刷

新华书店经售

*

开本 710×1000　1/16　印张 8¾　插页 1　字数 137 千字

2019 年 5 月第 1 版第 1 次印刷　印数 1—2000 册　定价 78.00 元

(本书如有印装错误,我社负责调换)

国防书店:(010)88540777　　发行邮购:(010)88540776
发行传真:(010)88540755　　发行业务:(010)88540717

随着乘用车舒适性要求的日益提高，车内噪声问题逐年得到重视。涡轮增压发动机的引入为车用动力提供了更好的能源利用效率、提升了驾乘感受，同时也带来了噪声偏高的问题，使得涡轮增压器的噪声指标成为继性能指标以外最重要的参数。掌握涡轮增压器噪声的成因与机理、形成系统有效的分析方法与控制方法、降低涡轮增压器噪声，是车用动力研发机构、生产企业迫切需要解决的关键问题。本书立足于基础理论，侧重机理研究，既可用于车用涡轮增压器噪声方向，也可用于船舶、电站、交通运输等涡轮增压器噪声研究领域。

本书原作者于 1988 年在德国卡尔斯鲁厄大学机械工程专业获得博士学位，自 2007 年开始在博世（Bosch）马勒（Mahle）合资公司负责博世马勒涡轮增压系统的转子动力学、轴承和设计平台研究。原著 *Aero and Vibroacoustics of Automotive Turbochargers* 一书是作者多年的技术积累与工程实践经验的总结，该书系统分析了涡轮增压器的噪声成因与构成、频谱特点、控制措施等内容，为涡轮增压器的设计与噪声控制提供了重要依据。

本书共 7 章，介绍了涡轮增压装置的构成、涡轮增压器噪声类型、声学传播理论、增压器噪声产生机理、涡轮增压器的非线性转子动力学、油膜涡动噪声产生机理与特性、降低油膜涡动噪声特征频率的优化方法。曹贻鹏翻译了本书的第 3、4 章，张文平翻译了本书的第 5、6 章，刘晨翻译了其余章节。全书由刘晨统稿，张文平教授和王贺春副教授对译稿进行了审校，在此表示衷心感谢。研究生张润泽、杨国栋等在本书翻译的过程中做了大量基础性工作,在此一并表示衷心感谢。

本书的出版得到了工业和信息化部高技术船舶科研项目"增压器振动噪声控制技术研究"的资助,在此深表感谢。

由于译者水平有限,在对原著的理解上难免有不当之处,敬请读者谅解,并不吝指正。

译者

2018 年 5 月

本书源于我在汽车行业多年的从业经验,适用于机械工程高年级本科生、研究生和从事车用涡轮增压器工作的工程师,也可作为大专院校的气动及振动声学教科书使用,或用做涡轮增压器行业中气体动力学和转子动力学研究的实用手册。

车用涡轮增压器的气动及振动声学是一个跨学科的交叉研究领域,包括噪声的根源和气动噪声从涡轮增压器到环境的传播两个方面。首先,在设计涡轮增压器、确定其工作条件时需要考虑叶轮机械热动力学;其次,涉及气体动力学、流体力学以及压气机中旋转失速和喘振带来的不稳定性研究,它们都会产生气动噪声,这些噪声均属于自激振动噪声,不是由外部噪声源激励引起的;再次,还涉及流体和转子动力学,用以研究由转子不平衡引起的不平衡啸叫噪声和由浮环轴承中油膜涡动的自激流动不稳定性导致的油膜涡动噪声(振鸣),这两种噪声类型统称为转子动力学噪声;最后,涉及用于计算乘用车空气噪声传播的莱特希尔(Lighthill)声类比理论,以研究乘用车中涡轮增压器的空气噪声。此外,气动及振动声学属于交叉学科研究领域,若要综合理解还需具备一些关于矢量、矩阵和张量分析的数学基础。

空气噪声已经成为继降低二氧化碳排放和降低燃料消耗之外的一个日趋重要的话题。近年来,发动机噪声的降低使得乘用车中其他噪声源逐渐显现,驾驶员及乘客希望在驾驶期间可以通过互联网和移动电话进行在线通信,或使用音频和视频等娱乐媒介而不受外部噪声的干扰,为此,车内的空气噪声应尽可能得到降低。此外,汽车广泛采用轻质合金部件制造,这固然可以减轻车体重量、降低燃油消耗和尾气排放量,但是在此条件下,涡轮增压器噪声激励涡轮增压器周围的部件,增强了车内和环境中的空气噪声。

基于上述原因,本书对涡轮增压器中不同类型空气噪声的产生机理进行了全面研究,包括脉动啸叫噪声、旋转噪声、失速噪声、喘振噪声、不平衡啸叫噪声、油膜涡动噪声、废气旁通阀噪声、滚动轴承高次谐波噪声和磨损噪声等,选用主动和被动措施降低乘用车的空气噪声水平。

尽管作者倾注心血,但是本书中依然可能存在一些不可预知的错误,对读者提出的反馈和错误提示本人将不胜感激。读者在将本书内容进行工业应用前,应对本书有透彻的理解,并对可能造成的损失承担责任。

在此,本人非常感谢斯图加特博世马勒(Bosch Mahle)涡轮增压系统(BMTS)执行理事 Martin Knopf 博士的支持和鼓励,同时还要特别感谢同事 Daren Bolbolan 对本书进行审阅并给出建设性的建议。此外,特别感谢海德堡施普林格的 Jan-Philip Schmidt 博士对本书数学推导和编辑工作做出的贡献,同时对施普林格的 Heather King 女士和 SPS 公司的 Shine David 博士提出的宝贵建议和出版本书时提供的帮助表示谢意。

最后要特别感谢在空闲时间和假期中编写此书时,我妻子的理解、耐心和全力支持。

Hung Nguyen-Schäfer

德国斯图加特

CONTENTS　目　录

VII

符号表

A	转子质量、惯性矩、刚度和陀螺效应矩阵
a	加速度
a_v	本生系数
b	不平衡和非线性轴承力矩阵
C_{SG}	阻尼系数和陀螺矩阵
c	对角阻尼系数;径向轴承间隙;绝对速度;声速;阻尼系数
c_c	耦合阻尼系数
c_m	子午面速度分量
C'	压气机特性线斜率
CW	压气机叶轮
c_1	内轴承间隙
c_2	外轴承间隙
D_i, D_o	内外轴承直径
e	轴颈偏心度
F_B	作用于轴颈的轴承力
F_J	作用于轴承的轴颈力
F_1, F_2	惯性坐标系下横向和纵向分力
F_r, F_t	旋转坐标系下径向和切向分力
f	不平衡力、力矩和非线性轴承力矢量
h	油膜厚度
I	声强
I_P	极惯性矩
I_t	横向质量惯性矩

j	虚数单位
$\boldsymbol{K}_S$	含对角、耦合刚度系数的刚度矩阵
K	等效刚度系数
k	波数
k_c	耦合刚度系数
L	声压级
L_i,L_o	内外轴承宽度
L_P	声功率级
$\boldsymbol{M}$	含转子质量和惯量的质量矩阵
Ma	马赫数
N	自由度(DOF)
NVH	噪声、振动及声振粗糙度
p_0	环境绝对压力
p	油膜压力
p'	声压
P	声功率
R	轴颈半径
RSR	环速比
Q	噪声源复体积速度
r_0	初始气泡分数
r	油膜气泡分数
s	复特征值
T_0	环境温度
T	油膜温度
T'	节气门特性线斜率;摄动流体温度
t	时间
u	圆周速度
$\boldsymbol{U}$	不平衡力与力矩矩阵
U_r	转子周向速度
U_b	轴承环周向速度
v	气流速度

w	相对速度
x	振动响应
α	气流角;空间方位角
β	叶片角
γ	轴颈偏位角
ε	轴颈偏心率
ξ	阻尼比
φ	流量系数
λ	平均流速比;特征值
η	速度比
η_{TC}	涡轮增压器总效率
η_{liq}	油黏度
η_{mix}	油混合物黏度
η_i	内油膜的动力学黏度
η_o	外油膜的动力学黏度
θ	油液填充比
κ	气体绝热指数
ρ'	扰动流体密度
ψ	压升系数
ω	涡动频率
Ω	角速度
Ω_R	环角速度

第1章
涡轮增压概述

1.1 概　　述

为满足新颁布的车辆二氧化碳和氮氧化物(NO_x)减排法规,小型化车用发动机越来越广泛地选用废气涡轮增压器,并降低汽缸数和汽缸容积。由于采用了较低的汽缸数或较低的汽缸容积,小型化发动机可以有效地降低活塞和汽缸间的摩擦功,发动机重量的降低也减轻了车辆总重,从而降低了驱动摩擦力,这些措施都有助于减少排放并改善小型化发动机的比功率[1]。综合使用涡轮增压器(TC)、高压直喷(HPDI)、低压废气再循环(LP-EGR)、可变压缩比(VCR)和可变配气系统(VVT)等技术,可使乘用车在保持发动机功率的基础上降低约18%的燃油消耗量;通过发动机高度小型化、涡轮增压及其他混合技术,整体燃料消耗可以降低30%这些措施都有助于降低汽车行业法规中规定的二氧化碳平均排放量。以新型乘用车(PV)为例,排放量由2012年的120g/km减少至2020年的95g/km,而对欧盟(EU)国家新开发的轻型商用车(LDCV)而言,排放量则从2014年的175g/km减少至147g/km,如图1.1和图1.2所示。

发动机的燃油燃烧之后,废气温度很高(如柴油为820~850℃,汽油为950~1050℃),发动机排气管中的废气中仍含有大量以焓值存在的能量,这些焓值能量通常由发动机排放到环境中,可以利用这部分能量提高发动机效率进而改善比功率。利用废气驱动涡轮增压器中的涡轮,带动压气机将进气进行增压并用于发动机燃烧,这个可以提高发动机比功率的过程称为涡轮增压。废气涡轮增压器由图1.3中显示的轴承室和转子系统(CHRA)、涡轮、压气机和执行器组成[2]。压气机和涡轮叶轮安装在由两个单独的旋转浮动式径向轴承和一个推力轴承组成的支撑轴上,废气在涡轮叶轮中膨胀并产生作用于转轴的转动动能,产生的动能驱动转轴旋转并通过压气机将要充入汽缸的空气压缩至高压。

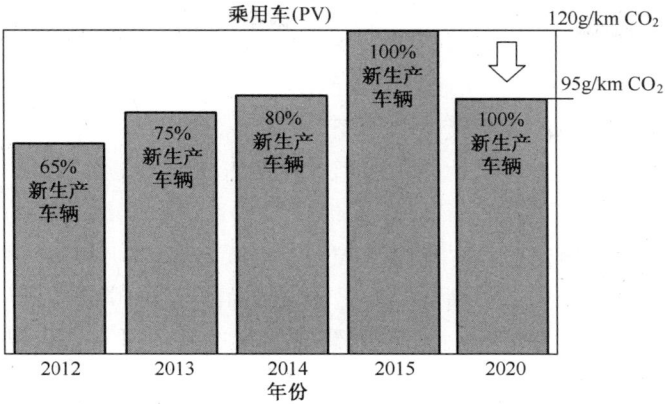

乘用车(PV)

120g/km CO_2

95g/km CO_2

| 65%新生产车辆 | 75%新生产车辆 | 80%新生产车辆 | 100%新生产车辆 | 100%新生产车辆 |

2012　2013　2014　2015　2020

年份

图 1.1　乘用车二氧化碳平均排放限值

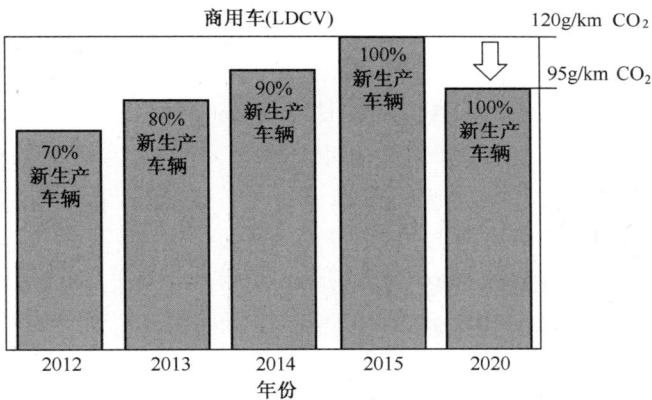

商用车(LDCV)

120g/km CO_2

95g/km CO_2

| 70%新生产车辆 | 80%新生产车辆 | 90%新生产车辆 | 100%新生产车辆 | 100%新生产车辆 |

2012　2013　2014　2015　2020

年份

图 1.2　商用车二氧化碳平均排放限值

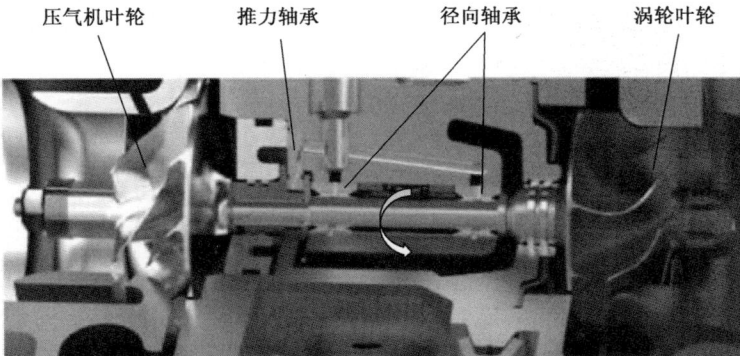

压气机叶轮　　推力轴承　　径向轴承　　涡轮叶轮

图 1.3　车用涡轮增压器的轴承室和转子系统(博世马勒公司许可使用)

使用废气涡轮增压器可以充分提高发动机的比功率,这样就可以在保持原发动机功率不变的情况下,将发动机小型化,进而降低燃料消耗,减少发动机的 CO_2 和 NO_x 的排放;在消耗等量燃料的前提下,涡轮增压发动机可以实现更大的功率输出,从而迎合人们的驾驶体验。其中,前者是帮助人们满足新的汽车排放法规的最主要途径(参见 1.2 节)。

除了在小型化发动机中使用车用涡轮增压器以满足 2012 年规定的二氧化碳减排要求外,由于车辆行驶中对信息娱乐系统和网络通信的需求,乘用车车内的空气噪声也应该尽量得到控制。轻质车身框架和部件被广泛用于减轻车辆总重,此时,燃料消耗(单位为 mile/gal①)得到降低,废气排放得到减少,但此方法对噪声带来了负面的影响。在这种情况下,发动机和涡轮增压器引起的噪声通过涡轮增压器、空气滤清器、空气中间冷却器(简称中冷器)、废气系统(催化器、柴油颗粒过滤器和消声器)和车身框架传播到车内和外界环境中,这种空气噪声需要得到有效控制。

除了发动机噪声,还存在一些车用涡轮增压器中同步和异步(超同步和次同步)诱导噪声,产生这些噪声的原因包括压气机叶轮中的流动不稳定性(旋转失速和喘振)、压气机和涡轮叶轮的旋转、转子不平衡、流体动压径向轴承中的油膜涡动以及滚动轴承的外间隙等。其中,由气流引起的噪声称为气动噪声(气动声学);油膜径向轴承中的不平衡啸叫噪声和油膜涡动噪声,以及滚动轴承中的高次谐波噪声称为转子动力学噪声(振动声学或转子动力声学)。由于车用涡轮增压器的轴承特征呈非线性,因此同步转子不平衡激励(基频)与诸如内、外油膜涡动等非线性转子系统的次同步成分叠加,引起了非同步转子响应[2,3],相应的,内油膜涡动产生了次同步噪声,这类噪声通常称为油膜涡动噪声,是一种自激振动响应。以乘用车中使用两个独立式旋转浮环轴承运行的涡轮增压器为对象,对径流式压气机的气体动力学和其转子动力学响应进行了计算和测量,结果表明油膜涡动噪声产生的根本原因是内油膜涡动。涡轮增压器噪声通过激励其他相邻部件传播到车内和外部环境中,必须采取有效措施来降低乘用车中的涡轮增压器噪声。

1.2　用于小型化发动机的涡轮增压器

在车用领域,单级涡轮增压器通常在空气压缩比不超过 2.5 的情况下使

---

① 　1mile=1.609km,1gal=3.785L。

用,涡轮增压器按废气再循环类型(EGR)可分为两种,即低压废气再循环(LP-EGR)和高压废气再循环(HP-EGR)。通过发动机废气再循环,废气的燃烧温度峰值降低,从而减少了 NO_x。一般情况下,加装涡轮增压器的小型化发动机可以在保持原功率不变情况下降低 25% 的汽缸容积,从而使燃料消耗减少约 10%。为满足现行排放法规或提高乘用车发动机功率,在压缩比大于 4 的发动机中通常会使用两级涡轮增压器,两级涡轮增压器由两个按顺序安装的不同尺寸的单级涡轮增压器组成,关于不同类型涡轮增压器的应用将在后续小节中介绍。

1.2.1　EGR 单级涡轮增压器

图 1.4 为 HP-EGR 单级涡轮增压器,部分废气在进入涡轮前以最大 50% 的废气再循环比率返回至发动机,其中废气再循环比率定义为再循环质量流量与废气总质量流量之比。通过废气再循环调节阀可调整废气再循环质量流量,从而使 NO_x 排放满足现行排放法规。通过废气膨胀做功,涡轮带动压气机将进气压缩至约 2.5 的最大压缩比,压气机的压缩过程使进气从常压变为高温、高压状态。为了确保发动机燃烧所需空气量充足,空气压缩之后需通过中冷器降低温度,否则质量流量会因高温时空气密度降低而降低。若使用 HP-EGR 涡轮增压器,经中冷器冷却后的再循环废气压力须高于发动机入口处的增压空气压力,因此涡轮的压比必须足够高以克服增压空气压力。一般情况下,使用 HP-EGR 的涡轮增压器涡轮尺寸要小于未使用

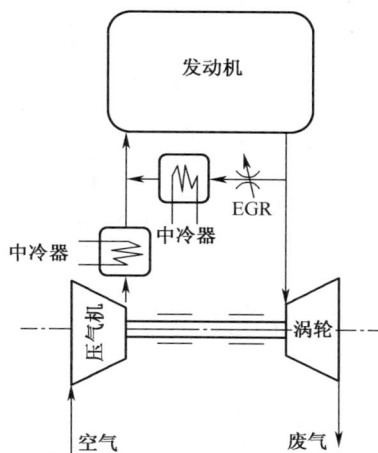

图 1.4　HP-EGR 单级涡轮增压器

HP-EGR 的涡轮增压器,以确保废气压力始终高于压缩后的空气压力。此时,发动机必须在发动机出口高废气压力的不利条件下工作,因此与没有 HP-EGR 的涡轮增压系统相比,燃料消耗增加,这种现象在高涡轮增压压力时更加明显,这就是一旦废气排放满足现行排放法规,应立即关闭高压废气再循环阀的原因。为了克服这一缺点,可将高压废气再循环阀调换到涡轮出口处的低压位置,如图 1.5 为 LP-EGR 涡轮增压器结构,这种结构的优势在于降低了发动机工作时的高废气压力,使燃料性能更加有效。

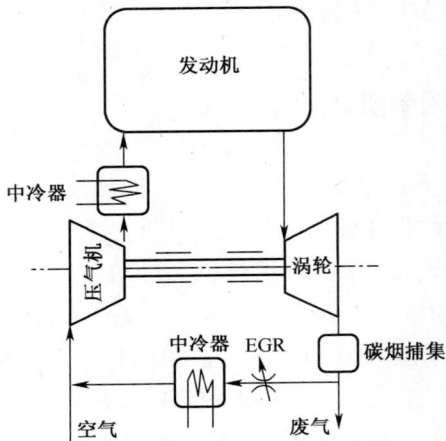

图 1.5　LP-EGR 单级涡轮增压器

然而,LP-EGR 涡轮增压器也存在两点不足之处:首先,涡轮出口较低的废气压力和碳烟捕集器中的压降限制了 LP-EGR 的质量流量,进而限制废气再循环比;其次,废气和新鲜空气在压气机入口处混合,在压气机中经压缩产生更高的压力,压气机叶轮中压力升高导致废气凝聚,最后会腐蚀叶轮表面。在高转速下,废气中未燃烧的硬质微粒会冲击和损坏铝质压气机叶轮,尤其会影响压气机叶轮入口处的叶片。为防止压气机叶轮受损,通常在压气机叶轮上做维氏硬度 600～1000HV 之间的镀镍磷合金表面处理,这使得增压空气的质量流量减小并由此导致压气机功率下降,车辆行驶周期的低周疲劳(LCF)也降低了压气机叶轮的使用寿命。

1.2.2　双涡轮增压器

双涡轮增压器(Bi-/Twin-turbocharger)由两个体积尺寸相同的小型涡轮增压器组成,这两个小型涡轮增压器平行安装,并在整个转子速度范围内同时运行(并行双涡轮增压器)。在两个截止阀都打开的情况下,废气按照进气流量均分到双涡轮增压器的两个涡轮中,如图 1.6 所示,若发动机为四缸,则每个涡轮增压器可分别由两个汽缸提供废气,经压缩并冷却后,两台压气机共同为发动机提供压缩后的增压空气。

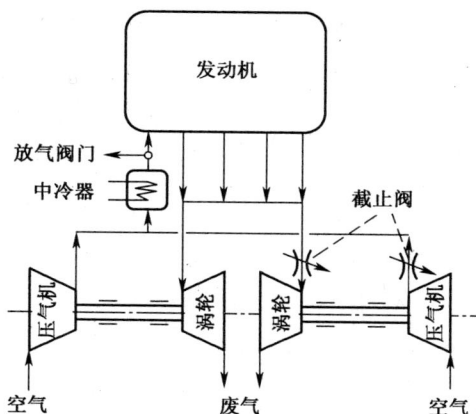

图 1.6　带中间冷却器的双涡轮增压器

一般情况下,对于小尺寸涡轮增压器,具有小惯性矩的转子可以快速加速实现最大扭矩,因此,可在低扭矩(LET)时显著改善并行双涡轮增压器的瞬态特性。但是,单台小型涡轮增压器输送的空气质量流量过小以至于不能满足发动机额定功率所需的进气量,在此情况下,两台小型涡轮增压器必须同时运行,以输送足够的增压空气来确保发动机额定功率。

若采用相继双涡轮增压器,即并联安装但相继运行,那么在发动机低转速时,通过关闭两个截止阀使双涡轮增压器中只有一台(如左侧涡轮增压器)运行。小型涡轮增压器可以更快地实现增压空气的压力上升,并可以在发动机低转速时提高涡轮增压器的瞬态特性。在发动机高速运行时,通过打开两个截止阀,另一台涡轮增压器(右侧)也会运行,两台涡轮增压器会像并联双涡轮增压器一样同时工作,此时,增压空气的质量流量增加以确保柴油机高转速运行。如在 16 缸的强化 W 型发动机(功率接近 1200 hp(1hp=745.7W)的布加迪威龙(Bugatti Veyron)16.4 超级跑车中,使用了四台单级涡轮增压器(相继四涡轮增压器),每台涡轮增压器对应于四个汽缸(4×4)。

1.2.3　两级涡轮增压器

两级涡轮增压器通常在高压比情况下使用,按顺序安装两台不同体积

9

尺寸的涡轮增压器,并根据给定流程通过废气旁通阀调节实现涡轮增压器相继工作(图1.7),发动机的高温高压废气仍含有较高焓值,因此,主级涡轮增压器尺寸要小于次级涡轮增压器。在商用车中使用时,若主级和次级的工作状态为相继运行而且压力未经调节,则主级涡轮增压器一般比单级涡轮增压器小约15%,即次级涡轮增压器比单级涡轮增压器大约15%。

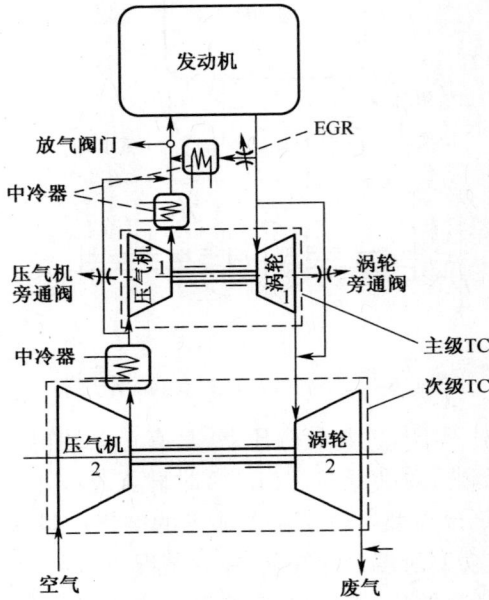

图1.7　可调节两级HP-EGR涡轮增压器

在发动机低转速工况时,主级涡轮增压器因为其惯性力矩小而单独工作,所以与次级涡轮增压器相比,前者的瞬态特性显著提高。在此期间,主级涡轮增压器的旁通阀处于关闭状态,次级涡轮机的废气旁通阀则完全打开,使得次级涡轮增压器几乎与两级涡轮增压器分离。发动机处于中转速区域时(1500 r/min以上),两台涡轮增压器通过旁通阀调节实现相继工作。在发动机高速运转时,一旦达到所需的增压空气压力,次级涡轮增压器就会单独工作,这是因为在高转子速度下,尺寸更大的次级涡轮的效率更高,在这种情况下,主级涡轮增压器的废气旁通阀完全打开使主级涡轮增压器从两级涡轮增压器分离。

与之前的涡轮增压系统相似,压缩的增压空气进入发动机之前必须通过中冷器对其冷却,以保证发动机额定功率所需的高质量流量进气需求。两级涡轮增压器在全负荷曲线下的压气机压比如图1.8所示,该压比为两级涡轮增压器的两个压气机的压比之积。与低扭矩时次级涡轮增压器的瞬时响应相比,由于主级涡轮增压器的体积较小,因此在发动机低转速时其压力负荷曲线加速更快,可实现良好的瞬时响应。

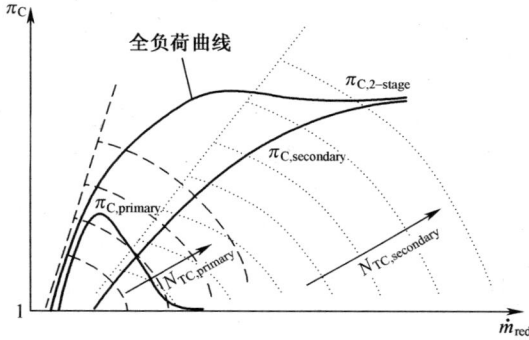

图 1.8　调节的两级涡轮增压器

如图 1.9 所示,比较单级和两级涡轮增压器随转速变化的发动机扭矩线,可以看出单级涡轮增压器扭矩大于两级涡轮增压器中的主级涡轮增压器,但是小于其次级涡轮增压器,因此,两级涡轮增压器的瞬时响应要优于单级涡轮增压器。两级涡轮增压器的优势在于:更好的响应特性、更高的增压空气压比、运行速度范围内更高的发动机扭矩。

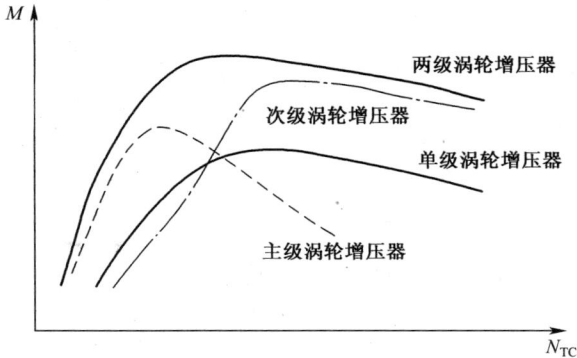

图 1.9　单/两级涡轮增压器的发动机扭矩

1.2.4　复合涡轮增压装置

复合涡轮增压装置由一台涡轮增压器和一台废气驱动的动力涡轮(PT)

组成,该动力涡轮利用涡轮增压器中的高温废气产生用于发动机的额外功率。动力涡轮转轴直接与发动机驱动轴通过齿轮相连以增加发动机扭矩和功率,从而有助于提高发动机效率,如图 1.10 所示。复合涡轮增压装置可用于商用车,以获得一些回收能量驱动发动机轴。

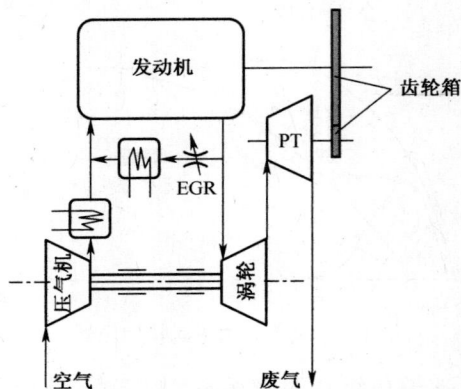

图 1.10 带动力涡轮的复合涡轮增压装置

参 考 文 献

[1] Golloch, R.: Downsizing bei Verbrennungsmotoren (in German), Springer, Berlin (2005).

[2] Nguyen-Schäfer, H.: Rotordynamics of Automotive Turbochargers. Springer, Berlin (2012).

[3] Nguyen-Schäfer, H., Kleinschmidt, R.: Analysis and nonlinear rotordynamics computation of constant tone in automotive turbochargers. 17th ATK Conference, Dresden (2012).

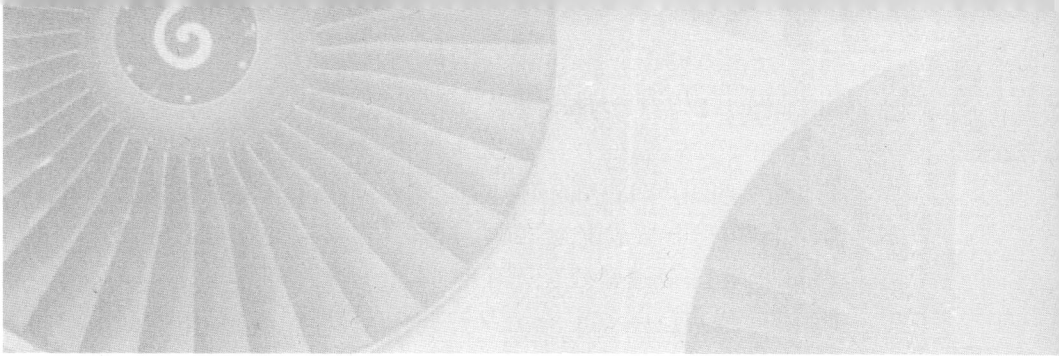

第 2 章
增压器噪声类型

如图 2.1 所示,车用涡轮增压器诱导产生的噪声,通常划分为以下几种类型[1, 2]。

脉动啸叫噪声(pulsation whistle)是由铣削或铸造工艺引起的压气机叶轮流道容积加工误差导致的,频率范围为 1200~4500Hz,对应的发动机转速为 1500~3500r/min,此时车辆通常处于第二挡的高负荷工况,该噪声还受压气机叶轮流道数量的影响。

旋转噪声(rotational noise,叶片旋转相关噪声)是由压气机或涡轮旋转叶片引起的,在发动机速度范围为 1400~2500r/min 之间产生,车辆通常处于第二挡或第三挡。旋转噪声属于高频噪声,对应频率在 8~18kHz 之间或更高,主要取决于叶片数量和压气机转速。虽然成年人的耳朵不能识别高于 16kHz 的噪声,但是车内的动物可以听到这种高频噪声。

失速噪声(growling noise,压气机失速相关的噪声)由压气机叶轮流道中增压空气的局部回流引起。靠近叶片出口处吸力面上的局部流动分离产生了该类型噪声,其频率处于 1200~3500Hz 之间的较宽频带范围内,表现为隆隆声,且含有部分金属噪声。该噪声对应的发动机速度在 1400~2500r/min 之间,此时车辆通常处于第二挡或第三挡。这种噪声沿着压气机出口和中冷器方向传播。

喘振噪声(whining noise,压气机喘振相关噪声)由压气机叶轮中的深度喘振引起,此时增压空气完全从压气机出口倒流到压气机进口。当驾驶员突然松开油门时,发动机所需的增压空气质量流量突然降低,而涡轮增压器转速却依然很高,由此产生类似于啸叫的喘振噪声,这会导致压气机处于深度喘振的工作状况。喘振噪声频率处于 800~2700Hz 之间的较宽频带范围,同样含有部分金属噪声,对应的发动机速度为 1400~2500r/min,车辆通常处于第二挡或第三挡。喘振噪声沿压气机进口和空气滤清器方向传播。

不平衡啸叫噪声(unbalance whistle)由不平衡转子或长期运行后转子的不平衡变化引起,谐频范围为1200~4500 Hz,对应的发动机转速在1500~3500r/min之间,车辆通常处于负荷相对较低的第二挡。

油膜涡动噪声(constant tone,又称howling,即振鸣)是由油润滑径向轴承中的内油膜涡动产生的,其频率范围为600~1000Hz,处于人类可听范围内。旋转浮环轴承中的内油膜涡动频率阶次随转子速度的增加从约0.4倍频减少至0.3倍频。内油膜涡动诱导频率在600~1000Hz之间波动,频段较窄,在车用涡轮增压器运行速度范围中通常认为是准常数。油膜涡动噪声通常在发动机速度1500~3500r/min之间时产生,此时车辆处于中、高负荷的第二挡至第五挡之间。

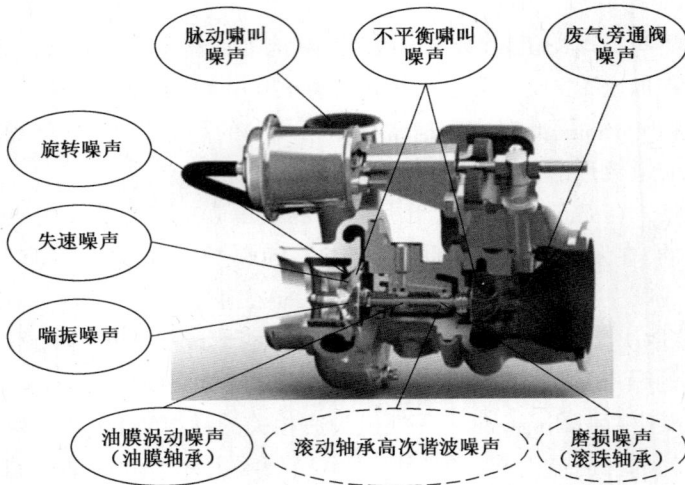

图2.1　汽车涡轮增压器的诱导噪声

滚动轴承高次谐波噪声(high-order harmonic noise)是采用滚动轴承(滚珠和滚子轴承)时,由轴承外圈或保持架与轴承壳体之间的油膜阻尼器间隙设计不当所引起的噪声[1]。滚动轴承高次谐波噪声有多个谐波频率阶次如2、3、4、5倍频及以上,其中基频定义为滚珠数与转速(r/s)的乘积,同时含有边带调制频率。

磨损噪声(wear noise)是使用滚动轴承(滚珠和滚子轴承)时,滚珠、滚子、保持架、内圈和外圈发生磨损产生的噪声。磨损噪声有不同的异步频率,将于4.5节中讲述。

废气旁通阀噪声(cracking noise)通常出现在带有废气旁通阀的涡轮增

压器中,废气旁通阀(WG)处于打开位置时,阀体沿着其轴线振动,产生频率范围在 7~15kHz 之间且有不同异步频率的金属噪声("咔拉"声)。不过,WG 处于闭合位置时,由于涡轮壳体中的废气旁通阀底座处的振幅衰减,废气旁通阀噪声可显著减小或消失。

前四种噪声由压气机和涡轮叶轮中的气体动力学因素引起。不平衡啸叫噪声由转子高速运转时不平衡引起,油膜涡动噪声由滑动轴承内油膜涡动引起,因此不平衡啸叫噪声和油膜涡动噪声可归结为转子动力学噪声。转子动力学工程师对不平衡啸叫噪声和油膜涡动噪声都进行了研究,发现在两平面上对转子进行适当的高速动平衡会减少不平衡啸叫噪声,但是不能减少油膜涡动噪声,然而当转子极度不平衡时油膜涡动噪声也会升高。

本书对上述噪声的产生机理特性进行研究,讨论控制措施,并从物理学的角度对这些噪声进行分析,以减少车用涡轮增压器中产生的噪声。本书根据噪声产生类别,基于压气机叶轮的气体流动特性研究脉动啸叫噪声、旋转噪声、失速噪声和喘振噪声等这些气动噪声的产生,基于转子动力学来分析转子动力学噪声,包括不平衡啸叫噪声、油膜涡动噪声、废气旁通阀噪户、滚动轴承高次谐波噪声和磨损噪声等。在此基础上,本书对一些用以改善乘用车涡轮增压器噪声、振动及声振粗糙度(NVH)的措施进行了论述。

图 2.2 给出了典型车用涡轮增压器的噪声源和响应噪声。第一类噪声源包含脉动啸叫噪声、旋转噪声、失速噪声和喘振噪声四种气动噪声源,从涡轮增压器经压气机壳体传递到空气滤清器、管路和中冷器,产生诱导噪声。由于从压气机出口到压气机入口的倒流,喘振噪声通常会激励进气单元,而失速噪声会影响更多增压空气组件,如增压空气管路和中冷器,如图 2.2

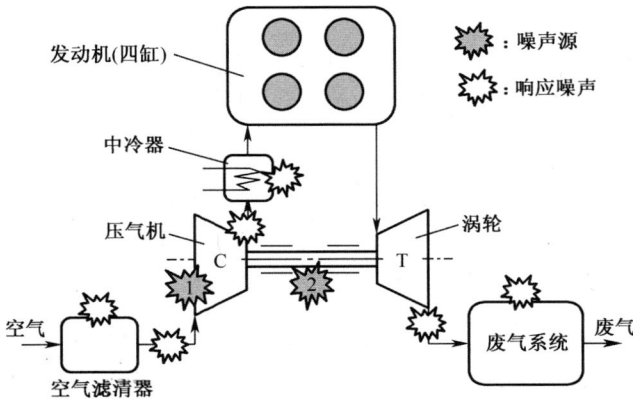

图 2.2　汽车涡轮增压器的诱导噪声

所示,压气机出口附近的局部流动分离引起了向增压空气组件传播的失速噪声,这些噪声的产生机理会在4.1节详细介绍。

第二类噪声源包括油膜轴承中的不平衡啸叫噪声、废气旁通阀噪声、油膜涡动噪声、滚动轴承高次谐波噪声、磨损噪声。转子动力学噪声源经轴承油膜、轴承滚珠、油膜阻尼器以及轴承室传递到带催化器的废气系统、柴油机颗粒过滤器(DPF)和消声器。同时,噪声源也将激励涡轮增压器附近的组件导致产生额外的响应噪声。最后,所有噪声会以空气噪声的形式经车架传播到车内和环境。空气噪声水平取决于车辆的类型和发动机的运行速度,因此,必须确定每种车型运行和极限加速的不平衡许用值,这会在4.2节进行介绍。

参 考 文 献

[1] Nguyen-Schäfer, H.: Rotordynamics of Automotive Turbochargers. Springer, Berlin (2012).

[2] Nguyen-Schäfer H., Kleinschmidt, R.: Analysis and nonlinear rotordynamics computation of constant tone in automotive turbochargers. 17th ATK Conference, Dresden (2012).

第 3 章
声传播理论

3.1 气动声学特性

气动噪声(如脉动啸叫噪声、旋转噪声、失速噪声和喘振噪声)由涡轮增压器压气机中的气体流动产生,不平衡啸叫噪声、油膜涡动噪声、废气旁通阀噪声和滚动轴承高次谐波噪声则属于转子动力学噪声。不平衡啸叫噪声由转子不平衡引起,由于自激不稳定性,径向油膜轴承中出现内油膜涡动,进而产生油膜涡动噪声。此外,针对滚动轴承,常常会产生滚动轴承高次谐波噪声和磨损噪声。如图 3.1 所示,增压器噪声通过轴承油膜、轴承室、压气机壳体、中冷器、空气滤清器、排气歧管、排气系统(催化器、柴油机颗粒过滤器(DPF)和消声器)和车身框架传播到车内。增压器噪声激励轴承室和涡轮增压器附近的部件,如空气滤清器、中冷器、带催化器的排气系统、柴油颗粒过滤器和消声器,这些结构受激振动产生噪声,并将空气噪声辐射到涡轮增压器周边环境中。空气噪声是车内人员不愿听见的,需要尽可能降低这些车内噪声。

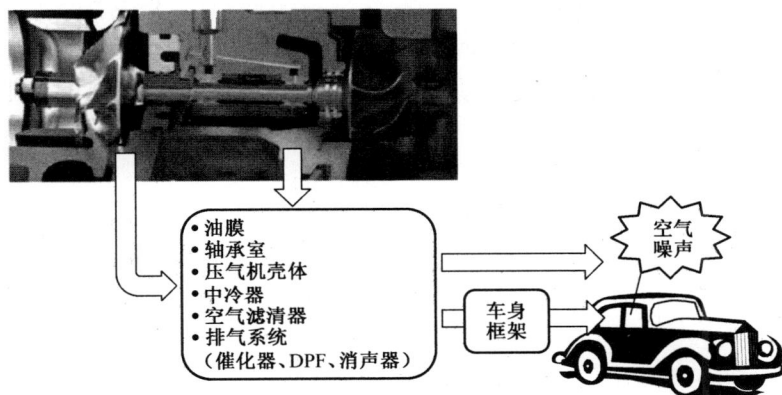

图 3.1　空气噪声的传播途径

　　图3.2 给出了声传播的一些波形特征,如振幅 $\xi(t)$ 、空气质点振速 $v(t)$ 、声压 $p'(t)$ 以及声速为 c 的声波。开始时,可压缩流体(如空气)中一个空气质点以圆频率 ω 振动并碰撞其周边的空气质点,该过程一直延伸至下一个空气粒子产生振动,从而使得空气中产生波的传播。这一过程就像多米诺效应,第一块多米诺骨牌以速度 v 倒下,然后影响下一块多米诺骨牌,以此类推。在多米诺骨牌倒落期间,由声压扰动引起的噪声以速度 c 在空气中传播,在这种情况下,空气质点不断被加速和减速,如图3.2所示。在周期 T 内,空气压力和密度不断增加,产生 $v > 0$ 的压缩波;空气压力和密度不断降低,产生 $v < 0$ 的膨胀波。当 $v = 0$ 时,振荡的空气质点达到最大振幅,此时空气压力和密度等于平均或无扰动的空气压力 p_0 和密度 ρ_0。

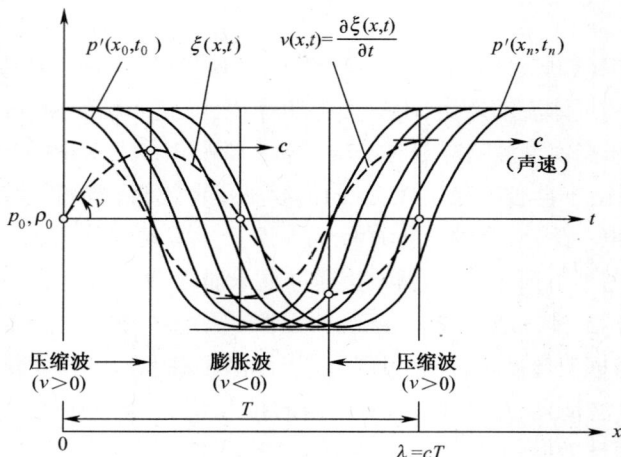

图3.2　声传播波特征

　　压缩波和膨胀波在传播方向上的波长 λ 内交错变化,膨胀波滞后压缩波一个时间周期 T,反之亦然。当空气粒子以速度 $v(t)$ 围绕它们的平衡位置振荡时,扰动声压 p' 以声速 c 在所有传播方向上移动,速度 v 和 c 具有相同的波传播方向。

　　对于线性气动声学中的声传播,有必要介绍可压缩流体中的热力学特性(参见附录 A)。线性气动声学基于无黏和等熵的线性化欧拉方程(LEE),其中声传播特征 p' 、ρ' 和 T' 是流体中的小扰动量。

　　1. 声速

　　声速由围绕平衡位置振动、速度为 v 的振荡空气质点之间的分子相互作用产生,并且仅取决于传播介质的绝对流体温度。声速 c 定义为等熵过程中

将式(3.2)和式(3.3)代入式(3.1a)中,可以得到 $T \approx T_0$ 时理想可压缩流体中的声速为

$$c = \sqrt{\frac{\kappa p}{\rho}} = \sqrt{\kappa p T} \approx \sqrt{\kappa p T_0} = c_0 \tag{3.4}$$

由式(3.4)可以得出 $T_0 = 293.14K$(20℃)时干洁空气中的声速 $c_0 \approx 340 \text{m/s}$。

不可压缩介质(如固体和液体)中的纵波声速计算如下[2]:

$$c_s = \sqrt{\frac{E(1-\nu)}{\rho(1+\nu)(1-2\nu)}}$$

$$c_1 = \sqrt{\frac{K}{\rho}} = \sqrt{\frac{E(1-\nu)}{3\rho(1-2\nu)}} \tag{3.5}$$

式中　E——介质的弹性模量;

　　　ν——介质的泊松比(对大多数金属 $\nu = 2.5 \sim 3.0$);

　　　K——介质的体积模量;

　　　ρ——介质的密度。

由式(3.5)可知,在钢铁中声速 c_s 接近 6000m/s,25℃时液态水中的声速 c_1 约为 1500m/s。

声压 p'、扰动气体密度 ρ' 和扰动气体温度 T' 的关系由式(3.1b)给出,理想气体的状态方程如方程(3.3)所示。

$$\frac{p}{p_0} = \frac{\rho}{\rho_0} \cdot \frac{T}{T_0} \Leftrightarrow \left(1 + \frac{p'}{p_0}\right) = \left(1 + \frac{\rho'}{\rho_0}\right) \cdot \left(1 + \frac{T'}{T_0}\right)$$

$$\Leftrightarrow 1 + \frac{p'}{p_0} \approx 1 + \frac{\rho'}{\rho_0} + \frac{T'}{T_0} \Rightarrow \frac{p'}{p_0} = \frac{\rho'}{\rho_0} + \frac{T'}{T_0} \tag{3.6}$$

式(3.2)可以用于 $p' \ll p_0$ 和 $\rho' \ll \rho_0$ 条件下理想气体的等熵过程。

$$1 + \frac{p'}{p_0} = \left(1 + \frac{\rho'}{\rho_0}\right)^\kappa \approx 1 + \kappa \frac{\rho'}{\rho_0}$$

$$\Rightarrow \frac{p'}{p_0} \approx \kappa \frac{\rho'}{\rho_0} \tag{3.7a}$$

因此,可以通过式(3.4)和式(3.7a)得到扰动声压与扰动密度之间的关系:

$$\frac{p'}{\rho'} \approx \kappa \frac{p_0}{\rho_0} = \kappa R T_0 = c_0^2 \tag{3.7b}$$

所以当线性气动声学中振幅很小($c_0 \approx c$)时,声压和密度成正比,即

$$p' = c_0^2 \rho' \approx c^2 \rho' \tag{3.8}$$

温度由式(3.6)和式(3.7a)计算得到：

$$\frac{T'}{T_0} = \frac{p'}{p_0} - \frac{\rho'}{\rho_0}$$

$$= (\kappa - 1)\frac{\rho'}{\rho_0} \approx \left(\frac{\kappa - 1}{\kappa}\right)\frac{p'}{p_0} \tag{3.9}$$

根据式(3.9)，当声压 $p' = 20\text{Pa}$，压力 $p_0 = 10^5\text{Pa}$ 时，扰动空气温度 $T' \approx 0.57 \times 10^{-4} T_0$，空气密度 $\rho' \approx 1.43 \times 10^{-4} \rho_0$，如式(3.1b)所示，$T' \ll T_0$ 且 $\rho' \ll \rho_0$。

2. 声阻抗

以质点振速 v、振幅 ξ 在 x 方向振动的空气质点冲量方程为

$$\rho_0 \frac{\partial^2 \xi}{\partial t^2} = -\frac{\partial p'}{\partial x} \tag{3.10}$$

因此

$$\frac{\partial^2 \xi}{\partial t^2} = \frac{\partial v}{\partial t} = -\frac{1}{\rho_0} \cdot \frac{\partial f(t - x/c)}{\partial x} \tag{3.11}$$

沿 x 轴正方向传播的声压可以写成

$$p'(x,t) = f(t - x/c) \equiv f(\tau)$$

其中，时间延迟定义为

$$\tau \equiv (t - x/c)$$

对式(3.11)两侧进行时间积分，由链式法则得到声速为

$$v = -\frac{1}{\rho_0}\int \frac{\partial f(\tau)}{\partial \tau} \cdot \frac{\partial \tau}{\partial x} \mathrm{d}t = \frac{1}{\rho_0 c}\int \frac{\partial f(\tau)}{\partial t} \cdot \frac{\partial t}{\partial \tau} \mathrm{d}t$$

$$= \frac{1}{\rho_0 c}\int \frac{\partial p'(x,t)}{\partial t} \cdot \frac{\partial t}{\partial \tau} \mathrm{d}t = \frac{1}{\rho_0 c}\int \frac{\partial p'(x,t)}{\partial t} \mathrm{d}t \tag{3.12}$$

$$= \frac{p'}{\rho_0 c}$$

式中

$$\frac{\partial \tau}{\partial x} = -\frac{1}{c}, \qquad \frac{\partial \tau}{\partial t} = 1$$

定义声阻抗 Z 为声压与空气质点振速的比值，由式(3.12)可得

$$Z \equiv \rho_0 c = \frac{p'(x,t)}{v(x,t)} \tag{3.13}$$

根据式（3.13），空气噪声阻抗值（$\rho_0 c$）在0℃时约为428kg/（$m^2 \cdot s$），在20℃时约为415kg/（$m^2 \cdot s$），因此，空气质点振速在声压$p' = 20$Pa时约为0.05m/s。

3. 声强

声强矢量为声压和空气质点振速的乘积，即

$$\boldsymbol{I}(x,t) = p'(x,t)v(x,t) \tag{3.14a}$$

式中　$p'(x,t)$——如式（3.1b）所示的声压；

　　　$v(x,t)$——质点振速。

周期T内的平均声强矢量为

$$\boldsymbol{I}_{\text{mean}}(x) = \frac{1}{T}\int_0^T p'(x,t)v(x,t)\mathrm{d}t \tag{3.14b}$$

均方根声强可由式（3.13）和式（3.14a）求得，即

$$\boldsymbol{I}_{\text{rms}}(x) = \frac{p'^2_{\text{rms}}(x)}{Z} = \frac{p'^2_{\text{rms}}(x)}{\rho_0 c} \tag{3.15}$$

式中　p'_{rms}——声压的均方根值，且有

$$p'_{\text{rms}}(x) = \sqrt{\frac{1}{T}\int_0^T p'^2(x,t)\mathrm{d}t} \tag{3.16}$$

4. 声功率

声功率定义为噪声源包络表面S上的声强和，即

$$P = \oint_S \boldsymbol{I} \cdot \boldsymbol{n}\mathrm{d}S \tag{3.17}$$

平均声功率可由平均声强和包络面积得到，即

$$\overline{P} = \overline{I}S = \frac{S}{T}\int_0^T \boldsymbol{I}(t) \cdot \boldsymbol{n}\mathrm{d}t \tag{3.18}$$

5. 声功率级

气动声学中有声功率级和声压级两种声级。

（1）声功率级为

$$L_W = 10\lg\frac{\overline{P}}{P_{\text{ref}}}(\text{dB}) \tag{3.19}$$

式中　$\overline{P}$——式（3.19）给出的平均声功率（W）；

　　　P_{ref}——参考声功率（$P_{\text{ref}} = 10^{-12}$W）。

根据式（3.15）和式（3.18），平均声功率与声强成正比，可写为

$$\overline{p} \propto I_{\text{rms}} \propto p'^2_{\text{rms}} \tag{3.20}$$

（2）声压级为

$$L_P = 10 \lg \frac{I_{rms}}{I_{ref}} = 10 \lg \left(\frac{p'_{rms}}{p_{ref}} \right)^2 = 20 \lg \frac{p'_{rms}}{p_{ref}} (\text{dB}) \tag{3.21a}$$

式中　p'_{rms}——式（3.16）所示的均方根声压（Pa）；

　　　　p_{ref}——参考声压（$p_{ref} = 20\mu\text{Pa}$）。

根据式（3.21a），在压力 $p'_{rms} = 10\text{Pa}$ 时声压级约为 114dB，在 $p'_{rms} = 20\text{Pa}$ 时声压级 120dB，因此，压力增大 1 倍时声压级增大约 6dB。显而易见，声压级的差值取决于声压的比值，即

$$\Delta L_P = L_{P,2} - L_{P,1} = 20 \lg \frac{p'_{2,rms}}{p'_{1,rms}} \tag{3.21b}$$

3.2　声传播方程

振动的结构表面会产生局部扰动的传播，如引起结构表面处流体压力、密度和温度变化，并由流场分子彼此的相互作用将噪声从声源辐射到介质中。需要注意的是，气体密度或压力的实时变化率越大，噪声传播越有效，其辐射速度越接近于气体介质中的平均气体分子速度[1]。固体和流体交界面的初始扰动引起流体分子相互作用并使得声传播出去，噪声传播主要基于理想气体（如空气）的连续方程和动量方程得出。

气体密度的质量守恒方程为

$$\frac{\partial \rho}{\partial t} + \nabla \cdot (\rho \boldsymbol{v}) = 0$$

$$\Leftrightarrow \frac{\partial (\rho_0 + \rho')}{\partial t} + \nabla \cdot (\rho_0 \boldsymbol{v} + \rho' \boldsymbol{v}) = 0 \tag{3.22a}$$

图 3.3 给出了 $\frac{\partial \rho_0}{\partial t} \ll \frac{\partial \rho'}{\partial t}$ 和 $\nabla \cdot (\rho' \boldsymbol{v}) \ll \nabla \cdot (\rho_0 \boldsymbol{v})$，因此式（3.22a）中的连续方程可写为

$$\frac{\partial \rho'}{\partial t} + \nabla \cdot (\rho_0 \boldsymbol{v}) = 0 \tag{3.22b}$$

式中　ρ——式（3.1b）中给出的气体密度；

　　　　ρ'——扰动气体密度；

　　　　ρ_0——未扰动气体密度；

　　　　$\boldsymbol{v}$——传播介质中的流体波动速度；

$\nabla \cdot (\rho_0 \boldsymbol{v})$——矢量 $\rho_0 \boldsymbol{v}$ 的散度。

矢量微分算子 ∇ 在以下坐标系中分别定义如下：

（1）在笛卡儿坐标系 (x, y, z)，有

$$\nabla = \frac{\partial}{\partial x}\boldsymbol{i} + \frac{\partial}{\partial y}\boldsymbol{j} + \frac{\partial}{\partial z}\boldsymbol{k} \tag{3.23a}$$

（2）在球坐标系 (r, θ, φ)，有

$$\nabla = \frac{\partial}{\partial r}\boldsymbol{e}_r + \frac{1}{r} \cdot \frac{\partial}{\partial \theta}\boldsymbol{e}_\theta + \frac{1}{r\sin\theta} \cdot \frac{\partial}{\partial \phi}\boldsymbol{e}_\phi \tag{3.23b}$$

因为 $\rho' \ll \rho_0$，$\boldsymbol{v}$ 很小，p_0 保持不变，从而得

$$\rho'\boldsymbol{v} \ll \rho_0 \boldsymbol{v} \Rightarrow \frac{\partial(\rho \boldsymbol{v})}{\partial t} \approx \frac{\partial(\rho_0 \boldsymbol{v})}{\partial t}$$

$$p_0(x, y, z) = \text{const} \Rightarrow \nabla p = \nabla p'$$

黏性气体流动的动量守恒方程为

$$\frac{\partial(\rho_0 \boldsymbol{v})}{\partial t} + \nabla \cdot (\rho_0 \boldsymbol{v} \otimes \boldsymbol{v}) = -\nabla p' + \nabla \cdot \tau' \tag{3.24}$$

式中　　$\nabla p'$——作用于流体的声压梯度矢量；

$\nabla \cdot \tau'$——扰动黏性剪应力张量；

$\boldsymbol{v} \otimes \boldsymbol{v}$——气体速度张量的乘积。

等熵过程中声压和气体密度实时变化率之间的关系可由式（3.8）得到

$$\frac{\partial p'}{\partial t} = c_0^2 \frac{\partial \rho'}{\partial t} \tag{3.25}$$

联立式（3.22b）和式（3.25）可得

$$\frac{\partial p'}{\partial t} + c_0^2 \nabla \cdot (\rho_0 \boldsymbol{v}) = 0 \tag{3.26}$$

对式（3.26）微分可得

$$\frac{\partial^2 p'}{\partial t^2} + c_0^2 \frac{\partial}{\partial t} \nabla \cdot (\rho_0 \boldsymbol{v}) = \frac{\partial^2 p'}{\partial t^2} + c_0^2 \nabla \cdot \left[\frac{\partial(\rho_0 \boldsymbol{v})}{\partial t}\right] = 0 \tag{3.27}$$

对流项即式（3.24）左侧第二项，是气体速度 $\boldsymbol{v}$ 的二次项，由式（3.13）可以看出空气质点振速很小，因此该项在大多数情况下可以忽略，所以对于非黏性流动方程式（3.24）可以改写为

$$\frac{\partial(\rho_0 \boldsymbol{v})}{\partial t} \approx -\nabla p' \tag{3.28}$$

将式（3.28）代入式（3.27）中，可以得到线性欧拉方程（LEE）形式的声

传播方程,其中气体流动中的黏性剪力小到可以忽略,且扰动振幅同样很小。线性声学通常使用 LEE 来研究传输流体中的声传播,该方程源于等熵过程中理想气体低雷诺数下的纳维-斯托克斯(Navier-Stokes)方程:

$$\frac{\partial^2 p'}{\partial t^2} - c_0^2 \nabla^2 p' \equiv \frac{\partial^2 p'}{\partial t^2} - c_0^2 \Delta p' = 0 \tag{3.29a}$$

式中 p' ——声压;

c_0 ——式(3.1a)、式(3.4)和式(3.5)给出的平均或不扰动的声速;

$\Delta p'$ ——声压 p' 的拉普拉斯算子。

将式(3.13)代入式(3.29a)可以得到一个标量速度分量 $v(x,y,z,t)$ 的波动方程:

$$\nabla^2 \boldsymbol{v} - \frac{1}{c_0^2} \cdot \frac{\partial^2 \boldsymbol{v}}{\partial t^2} \equiv \Delta \boldsymbol{v} - \frac{1}{c_0^2} \cdot \frac{\partial^2 \boldsymbol{v}}{\partial t^2} = 0 \tag{3.29b}$$

标量速度分量 $v(x,y,z,t)$ 可以使用拉普拉斯算子表示,拉普拉斯算子 $\Delta\varphi$ 在 $\varphi = p'$ 时由如下公式表示:

在笛卡儿坐标系 (x,y,z),有

$$\Delta\varphi \equiv \nabla^2\varphi = \nabla \cdot \nabla\varphi = \frac{\partial^2\varphi}{\partial x^2} + \frac{\partial^2\varphi}{\partial y^2} + \frac{\partial^2\varphi}{\partial z^2} \tag{3.30a}$$

在球坐标系 (r,θ,φ),对于径向 r,有

$$\Delta\varphi \equiv \nabla^2\varphi = \nabla \cdot \nabla\varphi = \frac{1}{r^2} \cdot \frac{\partial}{\partial r}\left(r^2 \frac{\partial\varphi}{\partial r}\right) = \frac{\partial^2\varphi}{\partial r^2} + \frac{2}{r} \cdot \frac{\partial\varphi}{\partial r} \tag{3.30b}$$

类似地,莱特希尔方程(Lighthill 方程,又称 Lighthill 声类比理论),由高雷诺数下黏性气流非线性纳维-斯托克斯方程和气动声学方程导出,被视为声学领域中连接气体动力学和气动声学的桥梁。由于非线性项的原因,莱特希尔方程描述的是非线性气动声学中具有高雷诺数的黏性气流大振幅的声传播问题[2]:

$$\begin{cases} \dfrac{\partial^2 \rho'}{\partial t^2} - \Delta p' = \nabla \cdot \nabla \cdot (\rho_0 \boldsymbol{v} \otimes \boldsymbol{v} - \boldsymbol{\tau}') \Leftrightarrow \\[3mm] \dfrac{\partial^2 p'}{\partial t^2} - c_0^2 \Delta p' = c_0^2 \nabla \cdot \nabla \cdot (\rho_0 \boldsymbol{v} \otimes \boldsymbol{v} - \boldsymbol{\tau}') + \dfrac{\partial^2}{\partial t^2}(p' - c_0^2 \rho') \end{cases}$$

$$\tag{3.31a}$$

式中 $\rho_0 \boldsymbol{v} \otimes \boldsymbol{v}$ ——对流张量;

$\boldsymbol{\tau}'$ ——扰动黏性剪力张量。

式(3.31a)右端的非等熵源项 $\partial^2/\partial t^2(p' - c_0^2\rho')$ 描述了莱特希尔方程中

的非线性等效声源,不过,在等熵噪声传播中如果扰动振幅很小,该项不存在。

将 $\Delta p' = c_0^2 \Delta \rho' + \nabla \cdot \nabla \cdot [(p' - c_0^2 \rho')\boldsymbol{I}]$ 代入式(3.31a)的第一个方程中,用扰动气体密度表示的莱特希尔方程可以写为

$$\frac{\partial^2 \rho'}{\partial t^2} - c_0^2 \Delta \rho' = \nabla \cdot \nabla \cdot \boldsymbol{T} \tag{3.31b}$$

莱特希尔湍流张量为

$$\boldsymbol{T} \equiv \rho_0 \boldsymbol{v} \otimes \boldsymbol{v} - \boldsymbol{\tau}' + (p' - c_0^2 \rho')\boldsymbol{I} \tag{3.31c}$$

式中:$\boldsymbol{I}$ 为与克罗内克 δ 张量等价的单位张量。

对于线性声学的等熵过程,在低雷诺数和低扰动振幅的无黏流体情况下,式(3.31a)和式(3.31b)所有右端项都等于 0。因此,扰动压力下的莱特希尔方程式(3.31a)变成方程式(3.29a)给出的 LEE 方程。

对径向 r,声压的 LEE 声传播方程可写为

$$\frac{\partial^2 p'}{\partial t^2} - \frac{c_0^2}{r^2} \frac{\partial}{\partial r}\left(r^2 \frac{\partial p'}{\partial r}\right) = 0 \tag{3.32}$$

将一个新的未知量 $m = p' \cdot r$ 代入式(3.32),经过一系列的数学运算可以得到径向的 LEE 声传播方程为

$$\frac{\partial^2(m)}{\partial t^2} - c_0^2 \frac{\partial^2(m)}{\partial r^2} = 0 \tag{3.33}$$

式(3.33)中的声压可以写成下面所示的复数形式来描述正向和反向传播声波:

$$p'(r,t) = \frac{m}{r} = p'_{\text{fw}}(r,t) + p'_{\text{bw}}(r,t)$$

$$= \frac{A_1}{r}\mathrm{e}^{\mathrm{j}\omega(t-r/c)} + \frac{A_2}{r}\mathrm{e}^{\mathrm{j}\omega(t+r/c)} \tag{3.34}$$

式中　A_i ——积分系数;

　　　ω ——圆频率;

　　　r ——噪声传播距离。

波数定义为空气质点圆频率 ω 与平均或无扰动声速 c_0 之比,即

$$k \equiv \frac{\omega}{c_0} \approx \frac{\omega}{c} = \frac{2\pi}{\lambda} \tag{3.35}$$

式中　λ ——波长,$\lambda = cT$。

当半径为 a 的球形表面以质点速度 $v = \omega\xi$、振动频率 ω 发生径向振动

时,径向 r 上将产生球面波声压,其正向传播的复声压为[1]

$$p'(r,t) = \frac{1}{(1+jka)} \cdot \frac{\rho_0 j\omega \boldsymbol{Q}}{4\pi r} e^{-jk(r-a)} \tag{3.36}$$

式中　$\boldsymbol{Q}$——噪声源的复体积速度(m^3/s),且可表示成

$$\boldsymbol{Q} = Q^* e^{j\omega t} = (4\pi a^2 v) e^{j\omega t} \tag{3.37}$$

噪声源强度由式(3.38)给出的 $\rho_0 j\omega Q^*$ 来定义:

$$\rho_0 \dot{\boldsymbol{Q}} = \rho_0 \frac{\mathrm{d}}{\mathrm{d}t}(Q^* e^{j\omega t}) = \rho_0 j\omega Q^* e^{j\omega t} = \rho_0 j\omega \boldsymbol{Q} \tag{3.38}$$

复体积加速度 $\mathrm{d}\boldsymbol{Q}/\mathrm{d}t(m^3/s^2)$ 引起的噪声以质点振速 v 振动,并在介质中传播,对单极子声源$(ka \ll 1)$,声压可以通过将式(3.38)代入式(3.36)得到

$$p'(r,t) = \frac{\rho_0 j\omega \boldsymbol{Q}}{4\pi r} e^{-jkr} = \frac{\rho_0 \dot{\boldsymbol{Q}}}{4\pi r} e^{-jkr}$$

$$= \frac{\rho_0 j\omega Q^*}{4\pi r} e^{j(\omega t - kr)} \tag{3.39}$$

声强的平方反比定律可以由计算 $p'(r,t)$ 的均方根得到

$$I_{\mathrm{rms}} \propto p'^2_{\mathrm{rms}} = \frac{(\rho_0 ck)^2}{32\pi^2 r^2} Q^{*2} \tag{3.40}$$

平方反比定律显示随着传播半径的增大声强逐渐减小,可由式(3.40)看出,噪声源距离越远,噪声声压级越低。

3.3　声传播计算

3.3.1　计算方法

相比于计算流体力学(CFD),涡轮增压器的噪声数值模拟更为复杂和困难,空气噪声数值模拟可以视为基于有限元法(FEM)、有限体积法(FVM)和边界元法(BEM)的交叉模拟。如图 3.4 所示,使用 CFD 和计算非线性转子动力学(CNR)来模拟噪声源,使用包括 LEE 的气动声学理论求解线性声学中的近场噪声传播,使用如莱特希尔方程的声扰动方程(APE)求解非线性声学的中距离声场,使用基于积分理论 BEM 的福茨威廉姆斯-霍金斯(Ffoucs Williams-Hawking)方程(FW-H 方程)求解远场噪声,BEM 通过将噪

声源边界面上的声压叠加来求解三维声场问题中的基尔霍夫-亥姆霍兹（Kirchhoff-Helmholtz）方程。

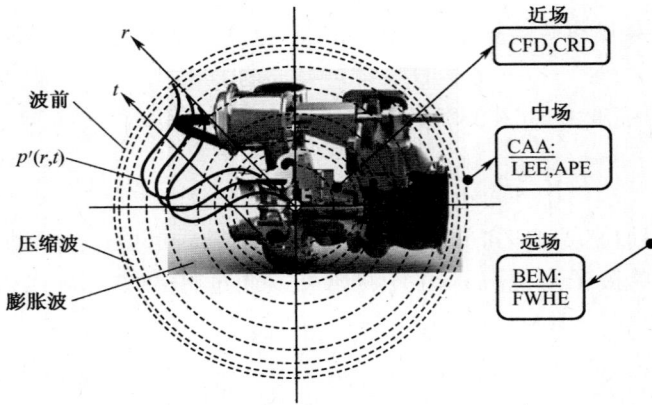

图 3.4　声传播计算理论

　　首先，在已知所有流动初始条件、边界条件和涡轮增压器几何尺寸的基础上，通过直接数值模拟（DNS）的 CFD 方法来计算瞬态气动噪声源的产生（如涡流和湍流），使用 CNR 计算涡轮增压器中的转子动力学噪声源的产生（见第 5 章）；其次，使用 LEE 和 APE，在考虑部件壁面相互作用对噪声影响的条件下计算涡轮增压器周围部件中的声传播；再次，使用 FW-H 方程计算忽略部件壁面影响时，增压器在不同转速下的远场辐射噪声（距离车辆数米内）。

　　由式（3.31a）和式（3.31b）给出的具有右端噪声源项的莱特希尔方程通常通过三维 CAA 程序（3D-CAA）进行编程求解，这些程序主要基于针对复杂系统的有限元或边界元方法编制[1-3]。例如，3.2 节中所述的涡轮增压器噪声通过轴承室、压气机壳体、中冷器、进气系统、排气系统（催化器、DPF 和消声器）和车架传播到车内，这种复杂的计算模型在汽车行业是常见的。此外，莱特希尔方程右端项的气动噪声与转子动力学噪声可通过压气机和涡轮叶轮内的三维 CFD[4] 及 CNR[5,6] 方法计算得到。关于线性气动声学的 FEM 和 BEM 将在下面的章节中简单介绍。

3.3.2　气动声学的边界元法

　　使用基于格林第二定理的 BEM 将声体积域（V_a）中的亥姆霍兹（Helmholtz)方程转换为封闭曲面 (S_a) 上的基尔霍夫 - 亥姆霍兹积分方程,如图3.5所示,声体积域 (V_a) 被封闭在闭合曲面 S_∞、S_0 和 S_a 内。

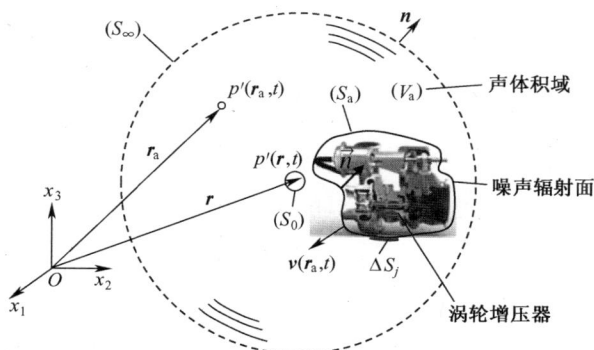

图 3.5　外部声场 (V_a) 中的 BEM

声场 (V_a) 中任意点 r 处的声压 $p'(r,t)$ 通过在给定的边界面 (S_a) 上的边界条件 $p'(r_a,t)$ 和 $v(r_a,t)$ 求解基尔霍夫 - 亥姆霍兹积分方程得到,由式(3.29a)给出的齐次声压方程在声体积域内可以写为

$$\nabla^2 p' - \frac{1}{c_0^2}\frac{\partial^2 p'}{\partial t^2} = 0 \qquad (3.41)$$

声压 p' 对时间的二阶导数可以写成

$$p'(r,t) = \hat{p}'(r)e^{j\omega t} \Rightarrow \frac{\partial^2 p'(r,t)}{\partial t^2} = -\omega^2 p'(r,t) \qquad (3.42)$$

声压 p' 的齐次亥姆霍兹方程可以由式(3.35)、式(3.41)和式(3.42)得到

$$\nabla^2 p'(r,t) + k^2 p'(r,t) = 0 \qquad (\forall r \in V_a)$$
$$k \equiv \omega/c_0 \approx 2\pi/\lambda \qquad (3.43)$$

对声场 V_a 中的噪声源 $Q(r,t)$,非齐次亥姆霍兹方程可写为

$$\nabla^2 p'(r,t) + k^2 p'(r,t) = Q(r,t) \qquad (\forall r, Q \in V_a) \qquad (3.44a)$$

式中右端项的噪声源为[1]

$$Q(r,t) = \nabla \cdot f(r,t) - j\rho_0 \omega q(r,t) \qquad (3.44b)$$

如文献[1]中莱特希尔(Lighthill)方程(式(3.31b)和式(3.31c))所表达的,式(3.44a)右端项描述了作用在声体积域上的力源和声源强度。通常,亥姆霍兹方程在封闭曲面 (S) 上有三种边界条件:

(1) 刚性壁面的狄利克雷(Dirichlet)边界条件,或称第一类边界条件:

$$\left.\frac{\partial p'}{\partial n}\right|_{(S)} = 0 \Rightarrow p'_{(S)}(r_a,t) = \text{const} \qquad (3.44c)$$

（2）弹性壁面的诺依曼（Neumann）边界条件，或称第二类边界条件：

$$\left.\frac{\partial p'}{\partial n}\right|_{(S)} = -\mathrm{j}\rho_0\omega v_{(S)}(\boldsymbol{r}_\mathrm{a},t) \tag{3.44d}$$

（3）洛平（Robin）边界条件，或称第三类边界条件（也用作斯图姆-刘维尔（Sturm-Liouville）问题中的阻抗边界）：

$$\left.\frac{\partial p'}{\partial n}\right|_{(S)} = -\mathrm{j}\rho_0\omega\frac{p'_{(S)}(\boldsymbol{r}_\mathrm{a},t)}{Z}, \quad Z \equiv \rho_0 c \approx \frac{\rho_0\omega}{k} \tag{3.44e}$$

式中　Z——式（3.13）给出的声阻抗。

格林第二定律将体积域 V 转换为边界 S：

$$\oint_S\left(\varphi\frac{\partial\psi}{\partial n} - \psi\frac{\partial\varphi}{\partial n}\right)\mathrm{d}S = \int_V(\varphi\nabla^2\psi - \psi\nabla^2\varphi)\mathrm{d}V \tag{3.45}$$

式中　φ、ψ——定义在体积域中的两个标量函数。

为将 BEM 应用于线性气动声学，用声场 V_a 中位置 $\boldsymbol{r}_\mathrm{a}$ 处的声压 $p'(\boldsymbol{r}_\mathrm{a},t)$ 代替 φ，用带有波数 k 的声场 V_a 中的自由场格林函数 $G(\boldsymbol{r},\boldsymbol{r}_\mathrm{a})$ 代替 ψ[1,7]：

$$\begin{cases} \phi \equiv p'(\boldsymbol{r}_\mathrm{a},t) \\ \psi \equiv G(\boldsymbol{r},\boldsymbol{r}_\mathrm{a}) = \dfrac{\mathrm{e}^{-\mathrm{j}k|\boldsymbol{r}-\boldsymbol{r}_\mathrm{a}|}}{4\pi|\boldsymbol{r}-\boldsymbol{r}_\mathrm{a}|} \quad \left(k \equiv \dfrac{\omega}{c_0} \approx \dfrac{2\pi}{\lambda}\right) \end{cases} \tag{3.46}$$

将格林第二定律应用到 S_∞、S_0 和 S_a 组成的闭合曲面上，可以将式（3.45）右端项置零得到基尔霍夫-亥姆霍兹积分方程，因为 $p'(\boldsymbol{r}_\mathrm{a},t)$ 和 $G(\boldsymbol{r},\boldsymbol{r}_\mathrm{a})$ 均满足齐次亥姆霍兹方程式（3.43）。

$$p'(\boldsymbol{r},t) = \frac{1}{c(\boldsymbol{r})}\oint_{S_\mathrm{a}}\left[p'(\boldsymbol{r}_\mathrm{a},t)\cdot\frac{\partial G(\boldsymbol{r},\boldsymbol{r}_\mathrm{a})}{\partial n} - G(\boldsymbol{r},\boldsymbol{r}_\mathrm{a})\cdot\frac{\partial p'(\boldsymbol{r}_\mathrm{a},t)}{\partial n}\right]\mathrm{d}S_\mathrm{a}$$

$$\tag{3.47a}$$

式中　$c(\boldsymbol{r})$——域系数[1]，且有

$$c(\boldsymbol{r}) = \begin{cases} -1 & (\forall\boldsymbol{r}\in V_\mathrm{a}) \\ -\dfrac{1}{2} & (\forall\boldsymbol{r}\in S_\mathrm{a}) \\ 0 & (\forall\boldsymbol{r}\notin V_\mathrm{a}) \end{cases} \tag{3.47b}$$

结构表面振速由式（3.44d）的诺依曼（Neumann）边界条件给出

$$\left.\frac{\partial p'(\boldsymbol{r}_\mathrm{a},t)}{\partial n}\right|_{(S_\mathrm{a})} = -\mathrm{j}\rho_0\omega v_{(S_\mathrm{a})} \approx -\mathrm{j}\rho_0 ckv_{(S_\mathrm{a})}$$

$$\tag{3.48}$$

$$\Rightarrow v(\boldsymbol{r}_\mathrm{a},t)\,|_{(S_\mathrm{a})} = \frac{\mathrm{j}}{\rho_0 ck}\cdot\left.\frac{\partial p'(\boldsymbol{r}_\mathrm{a},t)}{\partial n}\right|_{(S_\mathrm{a})}$$

在声压 $p'(\pmb{r}_a,t)$ 和振速 $v(\pmb{r}_a,t)$ 条件下,在边界面 S_a 上对式(3.47a)右端项积分,可以得到声场 V_a 任意点 $\pmb{r}$ 处的声压。如果在 $c(\pmb{r})=-1$ 时 $\pmb{r}$ 在 V_a 内,则声压可表示为

$$p'(\pmb{r},t) = \oint_{S_a} \Big[G(\pmb{r},\pmb{r}_a) \cdot \frac{\partial p'(\pmb{r}_a,t)}{\partial n} - p'(\pmb{r}_a,t) \cdot \frac{\partial G(\pmb{r},\pmb{r}_a)}{\partial n} \Big] \mathrm{d}S_a \quad (3.49)$$

可以通过将附加的入射声压 p'_{in} 代入式(3.49),声压 p' 可以写成亥姆霍兹算子的形式,即

$$p'(\pmb{r},t) = \{Lv\}_{S_a} - \{Mp'\}_{S_a} + p'_{in}(\pmb{r},t) \quad (\forall \pmb{r} \in V_a) \quad (3.50\mathrm{a})$$

式中:入射声压 p'_{in} 可通过将源项 $Q(\pmb{r},t)$ 在声场 V_S 上积分得到,即

$$p'_{in}(\pmb{r},t) = \oint_{V_S} Q(\pmb{r}_s,t) \cdot G(\pmb{r},\pmb{r}_s) \mathrm{d}V_s \quad (3.50\mathrm{b})$$

边界 S_a 上的亥姆霍兹积分算子由下式确定:

$$\begin{cases} \{Lv\}_{S_a} \equiv \oint_{S_a} \Big[G(\pmb{r},\pmb{r}_a) \cdot \frac{\partial p'(\pmb{r}_a,t)}{\partial n} \Big] \mathrm{d}S_a \\[2mm] \{Mp'\}_{S_a} \equiv \oint_{S_a} \Big[p'(\pmb{r}_a,t) \cdot \frac{\partial G(\pmb{r},\pmb{r}_a)}{\partial n} \Big] \mathrm{d}S_a \end{cases} \quad (3.51)$$

如图 3.5 所示,将积分边界面 S_a 划分为 N 个有限边界单元 $\Delta S_{j=1,\cdots,N}$,声场 V_a 内的如式(3.50a)所示的声压可以通过将式(3.50a)右端项在有限边界单元面 $\Delta S_{j=1,\cdots,N}$ 上积分得到

$$p'(\pmb{r},t) = \sum_{j=1}^{N} \{L_k\pmb{e}\}_{\Delta S_j} v_j(\pmb{r}_a,t) - \sum_{j=1}^{N} \{M_k\pmb{e}\}_{\Delta S_j} p'_j(\pmb{r}_a,t) + p'_{in}(\pmb{r},t)$$
$$(\forall \pmb{r} \in V_a) \quad (3.52)$$

式中　$\pmb{e}$——边界单元 ΔS_j 上的单位矢量。

式(3.52)中的亥姆霍兹积分算子表示为

$$\begin{cases} \{L_k\pmb{e}\}_{\Delta S_j \subset S_a} \equiv \int_{\Delta S_j} G_k(\pmb{r},\pmb{r}_a) \mathrm{d}S_a \\[2mm] \{M_k\pmb{e}\}_{\Delta S_j \subset S_a} \equiv \int_{\Delta S_j} \frac{\partial G_k(\pmb{r},\pmb{r}_a)}{\partial n} \mathrm{d}S_a \end{cases} \quad (3.53)$$

因为面域上波数 k 真值的奇异性,基于组合亥姆霍兹积分方程(Combined Helmholtz Integral Equation Formulation,CHIEF)的 Schenck 理论,改进的间接、直接公式等其他积分方法也可以用于声场声压的计算[1,2,7]。目前,基于边界元声学理论的商用三维声学软件 LMS Virtual Lab 广泛应用

于汽车行业的三维声场问题研究。

3.3.3 气动声学的有限元法

与 BEM 通过在辐射面 S_a 上对声压进行积分来求解亥姆霍兹方程不同，有限元法在增压器噪声辐射面周围的三维声场 V 中直接求解该方程，如图 3.6 所示。

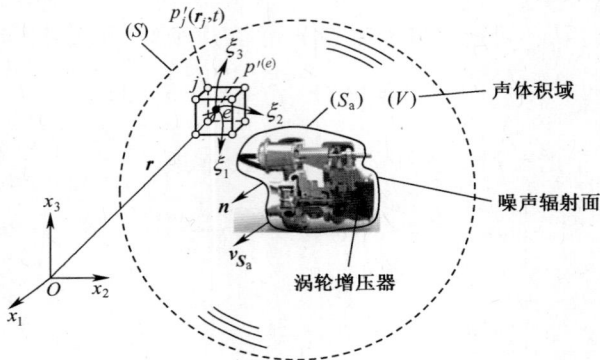

图 3.6 声场 V 中的 FEM

将亥姆霍兹方程乘以一个在控制体 V 中可微的标量函数 ϕ，并在方程两侧关于 $\mathrm{d}V$ 积分，可以得到弱伽辽金(Galerkin)形式的亥姆霍兹方程：

$$\int_V \phi \, \nabla \cdot \nabla p' \mathrm{d}V + \int_V \phi k^2 p' \mathrm{d}V = 0 \tag{3.54}$$

使用散度的链式法则

$$\nabla \cdot (\phi \cdot \nabla p') = \phi \cdot \nabla \cdot \nabla p' + \nabla \phi \cdot \nabla p'$$

式(3.54)可以改写为

$$\int_V \nabla \cdot (\phi \nabla p') \mathrm{d}V - \int_V \nabla \phi \cdot \nabla p' \mathrm{d}V + \int_V \phi k^2 p' \mathrm{d}V = 0 \tag{3.55}$$

将高斯散度定理应用在控制体 V 中，可得

$$\int_V \nabla \cdot (\phi \nabla p') \mathrm{d}V = \oint_S (\phi \nabla p') \cdot \boldsymbol{n} \mathrm{d}S$$

$$= \oint_S \phi \frac{\partial p'}{\partial n} \mathrm{d}S = - \mathrm{j} \rho_0 \omega v_{S_a} \oint_{S_a} \phi \mathrm{d}S \tag{3.56}$$

将式(3.56)代入式(3.55)可得

$$\int_V (\nabla \phi \cdot \nabla p' - k^2 \phi p') \mathrm{d}V = -\mathrm{j}\rho_0 \omega v_{S_a} \int_{S_a} \phi \mathrm{d}S \qquad (3.57)$$

式中,辐射面上的流体速度 v_{S_a} 满足式(3.44d)给出的诺依曼边界条件:

$$v_{S_a} = \frac{\mathrm{j}}{\rho_0 \omega} \cdot \frac{\partial p'}{\partial n}\bigg|_{(S_a)} \qquad (3.58)$$

由文献[1]可知,瑞利-里兹(Rayleigh-Ritz)法通过有限级数展开方法在局部坐标系 (ξ_1, ξ_2, ξ_3) 的单元 $e = 1, \cdots, N_e$ 上得到声压 $p'^{(e)}$:

$$p' \equiv p'^{(e)} \approx \{S(\xi_1, \xi_2, \xi_3)\} \cdot \{\alpha\} = (\{S(\xi_1, \xi_2, \xi_3)\} \cdot [D_e]^{-1}) \cdot \{p'\}$$

$$= \{\psi(\xi_1, \xi_2, \xi_3)\} \cdot \{p'\} \approx \sum_{j=1}^{N} \psi_j(\xi_1, \xi_2, \xi_3) p'_j \qquad (3.59)$$

式中　S——$(1 \times N)$ 的形函数矢量;

　　α——$(N \times 1)$ 的系数矢量;

　　D_e——$(N \times N)$ 的分布函数矩阵;

　　ψ——$(1 \times N)$ 的权函数矩阵;

　　p'——$(N \times 1)$ 的声压矢量;

　　N_e——控制体 V 内离散的单元个数;

　　N——单元节点数;

　　ψ_j——节点 j 处的压力加权函数,表示每个单位体积的声压加权比例;

　　p'_j——节点 j 处的声压。

将式(3.59)代入式(3.57)并令 $\phi \equiv \psi_i$,可得

$$\sum_{j=1}^{N} \left[\int_V (\nabla \psi_i \cdot \nabla \psi_j - k^2 \psi_i \psi_j) \mathrm{d}V \right] \cdot p'_j = -\mathrm{j}\rho_0 \omega v_{S_a} \int_{S_a} \psi_i \mathrm{d}S \quad (\forall i = 1, 2, \cdots, N)$$

$$(3.60)$$

式(3.60)可以用声压的矩阵方程表示

$$[A] \cdot \{p'\} = \{q\} \qquad (3.61a)$$

式中　$[A]$——$(N \times N)$ 矩阵,其中矩阵元素为

$$a_{ij} = \int_V (\nabla \psi_i \cdot \nabla \psi_j - k^2 \psi_i \psi_j) \mathrm{d}V \quad (\forall i = 1, 2, \cdots, N; \forall j = 1, 2, \cdots, N)$$

$$(3.61b)$$

　　$\{p'\}$——$(N \times 1)$ 声压矢量,且有

$${p'} = [p'_1 p'_i \cdots p'_N]^T \quad (\forall i = 1, 2, \cdots, N) \tag{3.61c}$$

${q}$ —— $(N \times 1)$ 矢量，其元素 $[q_1 \quad q_2 \quad \cdots \quad q_N]^T$ 为

$$q_i = -\mathrm{j}\rho_0 \omega v_{S_a} \int_{S_a} \psi_i \mathrm{d}S \quad (\forall i = 1, 2, \cdots, N) \tag{3.61d}$$

单元所用权函数 ψ 由下面的离散格式确定[1,7]：

（1）对于正交的局部曲线坐标 (ξ_1, ξ_2, ξ_3)，基于 4 节点的二次单元权函数 $\psi_j(\xi_1, \xi_2, \xi_3)$ 可表示为

$${\psi_{4NP}(\xi_1, \xi_2, \xi_3)} = [\psi_1 \quad \psi_2 \quad \psi_3 \quad \psi_4] \tag{3.62}$$

（2）对于正交的局部曲线坐标 (ξ_1, ξ_2, ξ_3)，基于 8 节点的六面体单元权函数 $\psi_j(\xi_1, \xi_2, \xi_3)$ 可表示为

$${\psi_{8NP}(\xi_1, \xi_2, \xi_3)} = [\psi_1 \quad \psi_2 \quad \psi_3 \quad \psi_4 \quad \psi_5 \quad \psi_6 \quad \psi_7 \quad \psi_8] \tag{3.63}$$

为将式（3.60）、式（3.61b）和式（3.61d）从有限元的正交曲线坐标系 (ξ_1, ξ_2, ξ_3) 转换到笛卡儿坐标系 (x_1, x_2, x_3)，雅可比行列式 J 常用于曲线坐标中的 ψ 和 $\mathrm{d}V$ 的梯度求解，MSC 软件公司的商用三维声学软件 ACTRAN 被广泛地应用于计算车辆行业的三维声场问题。

可以通过以下的求解步骤来得到式（3.61a）中声场 V 内的声压值：

（1）求解式（3.61b）中的变量 a_{ij} 和式（3.61d）中的右端变量 q_i；

（2）通过在式（3.44c）~式（3.44e）给定的边界条件上求解式（3.61a）得到节点上的声压 p'_j；

（3）根据式（3.59）计算单元内的平均声压。

3.4　非线性气动声学的频率调制

非线性气动声学用于处理声学特征不再是线性的大振幅噪声问题，在下面两种情况下，非线性气动声学系统中发生同步和异步响应：第一，气体动力学和转子动力学噪声叠加产生边带；第二，在高雷诺数下远场噪声传播过程中，不同频率下的声波相互叠加产生了其他空气噪声响应。

次同步和超同步频率下产生的噪声边带是由不同频率下的噪声传播波产生的，应当注意到，在噪声频谱图（瀑布图）中边带越明显，气动声学系统响应的非线性越明显。非线性气动声学系统的响应幅值由声波和边带所有分量的幅值叠加得到，因此噪声响应幅值增强。在高雷诺数湍流中的大扰动条件下，气动声学的非线性特征变得更加明显。

3.4.1 非线性气动声学系统响应

如图 3.7 所示的非线性气动声学系统,其系统响应 $y(x)$ 由具有较大振幅的输入信号 $x(t)$ 和系统传递阻抗 $Z(\varepsilon)$ 所决定。

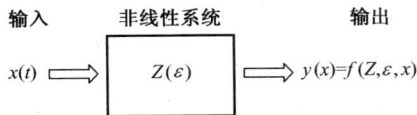

图 3.7 非线性气动声学系统响应

系统的非线性响应 $y(x)$ 可以写成输入函数 $x(t)$ 的二次形式:

$$y(x) = f(x, \varepsilon) = Z(x + \varepsilon \cdot \text{sgn}(x)x^2 + \cdots)$$
$$= Z(x + \varepsilon^* x^2 + \cdots) \tag{3.64}$$

式中　　x ——具有较大幅值的输入信号;

$\quad\quad$ Z ——系统的复传递阻抗;

$\quad\quad$ Zx ——响应的线性项;

$\quad\quad$ ε ——非线性系统因子 $(\varepsilon \ll 1)$;

$\quad\quad$ $Z\varepsilon^* x^2$ ——响应的非线性项;

$\quad\quad$ $\varepsilon^* = \varepsilon \cdot \text{sgn}(x)$,其中 $\text{sgn}(x)$ 为 x 的符号函数,由下式定义

$$\text{sgn}(x) = \begin{cases} -1 & (x < 0) \\ 0 & (x = 0) \\ +1 & (x > 0) \end{cases}$$

因此

$$\varepsilon^* \equiv \varepsilon\,\text{sgn}(x) = \begin{cases} -\varepsilon & (x < 0) \\ 0 & (x = 0) \\ +\varepsilon & (x > 0) \end{cases}$$

所以非线性振动响应可写为

$$y(x) = Zx + Z\varepsilon\,\text{sgn}(x)x^2 + O(x^3) \tag{3.65}$$

如图 3.8 所示的非线性振动响应 $y(x)$ 与线性系统对比,线性系统中响应 Zx 与输入函数 x 成正比,而非线性响应和线性项 Zx 不同,非线性项与 x^2 成正比,所以它随着输入幅值变化快速上升或下降,非线性系统仅在小振幅时因非线性项非常小而呈现线性趋势。

如果不平衡啸叫噪声幅值过大,则系统特性将呈现强非线性,非线性项

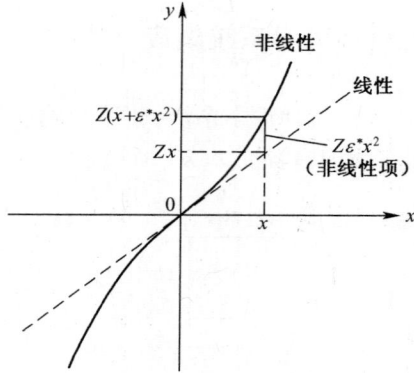

图 3.8　线性与非线性响应对比

随着输入振幅的平方增加。较之于线性系统,非线性系统的响应幅值增速更快,如图 3.8 所示。

3.4.2　噪声边带频率调制

假设输入信号 $x(t)$ 是一个振幅为 X ,频率为 ω_1 的谐次声波,则有

$$x = X\cos\omega_1 t \tag{3.66}$$

它的响应可由 $x(t)$ 二次形式的方程式(3.64)得到

$$y = ZX\cos\omega_1 t + Z\varepsilon^* X^2\cos^2\omega_1 t$$
$$\equiv y_{\text{L-term}} + y_{\text{NL-term}} \tag{3.67}$$

噪声响应包括两项,第一项 $y_{\text{L-term}}$ 与 x 为线性关系,第二项 $y_{\text{NL-term}}$ 则为含 x^2 的非线性项,非线性项可以用三角函数公式表示为另一种形式。

$$y_{\text{L-term}} = ZX\cos\omega_1 t \tag{3.68}$$

$$y_{\text{NL-term}} = Z\varepsilon^* x^2 = Z\varepsilon^* X^2\cos^2\omega_1 t$$
$$= \frac{1}{2}Z\varepsilon^* X^2(1 + \cos 2\omega_1 t) \tag{3.69}$$

将式(3.67)~式(3.69)代入,可以得到总噪声响应为

$$y = ZX\cos\omega_1 t + \frac{1}{2}Z\varepsilon^* X^2 + \frac{1}{2}Z\varepsilon^* X^2\cos 2\omega_1 t \tag{3.70}$$

与线性系统相比,非线性响应有两个新附加项:X^2 的校正项和 $2\omega_1$ 的二阶谐波项。现在,考虑一个含两个频率分量分别为 ω_1 和 ω_2、对应振幅是 X_1

和 X_2 的周期噪声输入函数 $x(t)$ ，有

$$x = X_1 \cos\omega_1 t + X_2 \cos\omega_2 t \quad (\omega_1 > \omega_2) \tag{3.71}$$

为简化形式，在后续计算中只考虑噪声响应的非线性项：

$$
\begin{aligned}
y_{\mathrm{NL-term}} &= Z\varepsilon^* x^2 = Z\varepsilon^* (X_1 \cos\omega_1 t + X_2 \cos\omega_2 t)^2 \\
&= Z\varepsilon^* (X_1^2 \cos^2\omega_1 t + X_2^2 \cos^2\omega_2 t + 2X_1 X_2 \cos\omega_1 t \cdot \cos\omega_2 t) \\
&\equiv y_1 + y_2 + y_3
\end{aligned}
$$

$$\tag{3.72}$$

相似地，前两项分别提供了对应频率为 $2\omega_1$ 和 $2\omega_2$ 的两个附加二阶谐波项 y_1 和 y_2。此外，在经过一系列三角函数计算后得到了产生频率边带 ω_1 和 ω_2 的第三项 y_3，即

$$
\begin{aligned}
y_3 &= Z\varepsilon^* X_1 X_2 (2\cos\omega_1 t \cdot \cos\omega_2 t) \\
&= Z\varepsilon^* X_1 X_2 [\cos(\omega_1 t - \omega_2 t) + \cos(\omega_1 t + \omega_2 t)] \\
&= Z\varepsilon^* X_1 X_2 [\cos(\omega_1 - \omega_2)t + \cos(\omega_1 + \omega_2)t] \\
&\equiv Z\varepsilon^* X_1 X_2 (\cos\omega_{\mathrm{LSB}} t + \cos\omega_{\mathrm{USB}} t)
\end{aligned}
\tag{3.73}
$$

式中　ω_{USB}——上边带角速度（rad/s）；

　　　ω_{LSB}——下边带角速度（rad/s），且有

$$\omega_{\mathrm{USB}} = \omega_1 + \omega_2, \ \omega_{\mathrm{LSB}} = \omega_1 - \omega_2 \tag{3.74}$$

因此

$$\omega_1 = \frac{1}{2}(\omega_{\mathrm{USB}} + \omega_{\mathrm{LSB}}) \equiv \omega_{\mathrm{c}} = 2\pi f_{\mathrm{c}} \tag{3.75}$$

式中，f_{c} 由载波频率（Hz）确定。

$$\omega_2 = \frac{1}{2}(\omega_{\mathrm{USB}} - \omega_{\mathrm{LSB}}) \equiv \omega_{\mathrm{m}} = 2\pi f_{\mathrm{m}} \tag{3.76}$$

式中，f_{m} 由调制频率（Hz）确定。

图 3.9 显示了声传播波的噪声边带频率调制。由于声学非线性，下边带和上边带是由 f_{c} 和 f_{m} 处的频率与振幅调制引起的。事实上，噪声边带频率在一个频带 Δf_{m} 内变化，如油膜涡动，因此，噪声边带频率 f_{LSB} 和 f_{USB} 散布在对应的频带 Δf_{m} 内。

在无线电工程中，载波频率 f_{c} 远高于调制频率 f_{m}（$f_{\mathrm{c}} \gg f_{\mathrm{m}}$）。为将调制信号传递的更远，载波信号使用超高频率 f_{LSB} 和 f_{USB} 在包含下边带（LSB）和上边带（USB）的双边带（DSB）中对其进行调制（图 3.9 和图 3.10）。噪声边带频率由载波和宽频的调制频率进行调制。

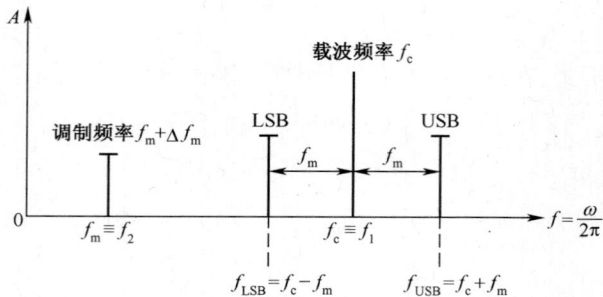

图 3.9　噪声频率调制的双边带

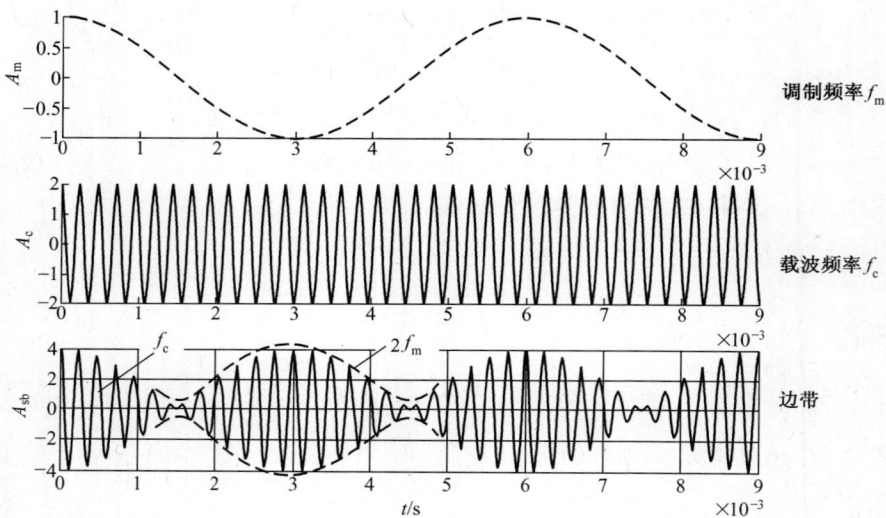

图 3.10　振幅调制的双边带

噪声调制频率 f_m 通常在 300Hz ～ 3kHz 频率范围内，属于人耳可听频率范围，因此，边带通常为 $2f_m$，即出现在约 6kHz 的 DSB 最大频率宽度处。可以使用信号检测器和低通滤波器来对接收到的边带信号进行解调或检测，从而将调制信号在接收时恢复。信号发送和接收的整个过程通过包含调制和解调的 MODEM 方法完成，该方法常用于宽带技术。

图 3.9 显示了由载波和调制信号产生的边带信号，可以由边带信号再次得到载波和调制频率。式（3.73）给出的边带包络信号具有 $2f_m$ 的频率，由图 3.11 可以看出其周期等于调制信号周期的 1/2。

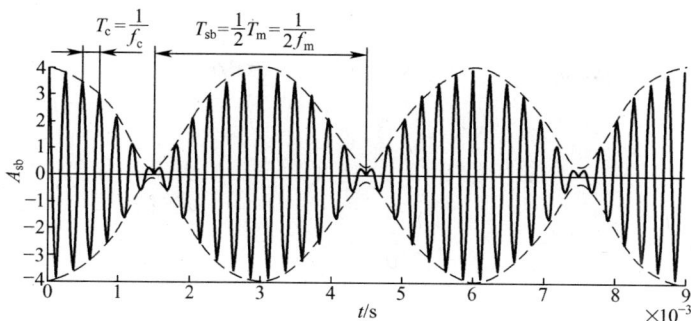

图 3.11　边带信号的频率与周期

下边带和上边带频率 f_{LSB} 和 f_{USB} 都是通过载波频率 f_c 和调制频率 f_m 计算得到的,当 $f_m \ll f_c$ 时 $f_1 \gg f_2$。

噪声下边带频率：

$$f_{LSB} = f_c - f_m \equiv f_1 - f_2 \tag{3.77}$$

噪声上边带频率：

$$f_{USB} = f_c + f_m \equiv f_1 + f_2 \tag{3.78}$$

总之,非线性声学系统由于幅值与频率调制引入了一些新的附加项：

（1）式（3.70）给出的校正项 $\frac{1}{2} Z\varepsilon^* X^2$。

（2）式（3.70）和式（3.72）给出的对应振幅 X_1^2 和 X_2^2 的二阶谐波频率 $2\omega_1$ 和 $2\omega_2$。

（3）被激励频率 ω_1 和 ω_2 调制的噪声边带频率的幅值与 $Z\varepsilon^* X_1 X_2$ 项成正比。由式（3.73）和式（3.74）可知,噪声边带频率是各频率分量的和或差,因此,噪声边带频率可以由 $3\omega_2 - 2\omega_1$、$2\omega_2 - \omega_1$、$2\omega_1 - \omega_2$、$3\omega_1 - 2\omega_2$、$4\omega_1 - 3\omega_2$ 等得到,参见式（3.80）、式（3.81）。

如图 3.12 所示,在不平衡且校中不良的转子中,噪声频谱瀑布图显示了由校中不良、不平衡啸叫噪声和油膜涡动噪声（内油膜涡动）的频率调制所引起的边带。

拍现象是频率调制的一种特殊情况,是由两个具有彼此接近的频率分量 ω_1 和 ω_2 的谐波振动的调制引起的。如果它们的幅值相等,则只有幅值调制发生;否则,频率调制和幅值调制同时发生,输入信号是两个正弦函数的和,其中幅值 $a_1 = a_2 = a$。

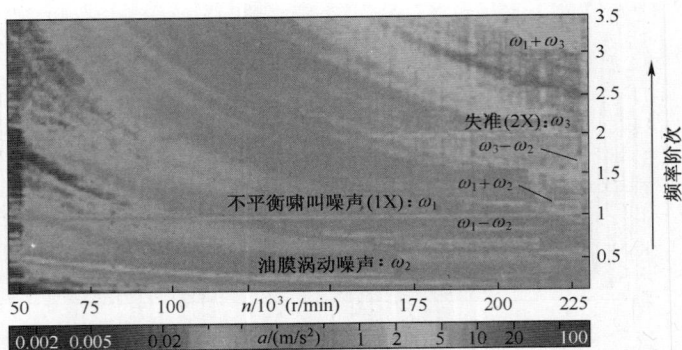

图 3.12　瀑布图中的噪声调制频率(由 BMTS 提供)

$$x = a_1\sin\omega_1 t + a_2\sin\omega_2 t$$
$$= a(\sin\omega_1 t + \sin\omega_2 t)$$
$$= 2a\sin\left[\frac{1}{2}(\omega_1 + \omega_2)\right]t \cdot \cos\left[\frac{1}{2}(\omega_1 - \omega_2)\right]t \qquad (3.79)$$
$$\equiv 2a\sin\omega_c t \cdot \sin\omega_m t$$

式中

$$\omega_c = \frac{1}{2}(\omega_1 + \omega_2) = 2\pi f_c$$

$$\omega_m = \frac{1}{2}(\omega_1 - \omega_2) = 2\pi f_m$$

为了显示拍频,在频域中选择了两个频率分量 $f_1 = 100\text{Hz}$ 和 $f_2 = 85\text{Hz}$ 进行拍调制(图 3.13),载波频率是两个频率 f_1 和 f_2 的平均值,等于 92.5Hz ,同时调制频率等于 7.5Hz ,拍频 $2f_m(15\text{Hz})$ 是两个频率 f_1 和 f_2 的差值。

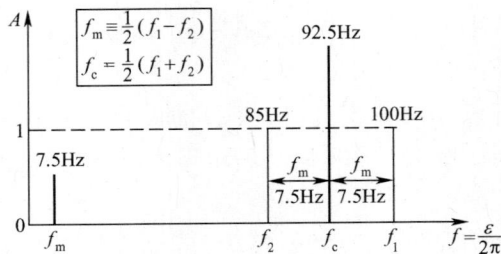

图 3.13　频率 f_1 和 f_2 的拍频 $2f_m$

图 3.14 表明频率分量越接近,则拍频越小,显而易见的是拍频信号的周

期越长。拍频周期与拍频 $2f_m$ 成反比,因此,拍频 15Hz 对应的拍频周期为 0.067s,载波频率在时域中有一个对应 92.5Hz 的周期 0.011s。

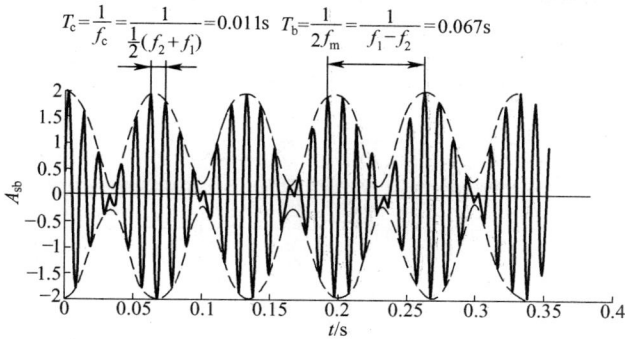

$$T_c = \frac{1}{f_c} = \frac{1}{\frac{1}{2}(f_2 + f_1)} = 0.011\text{s} \quad T_b = \frac{1}{2f_m} = \frac{1}{f_1 - f_2} = 0.067\text{s}$$

图 3.14　时域中的拍现象

如图 3.15 所示,LSB 和 USB 边带的一阶频率是由频率分量 f_1 和 f_2 的和或差得到的,这些频率位于载波频率 f_c 的左右两侧。

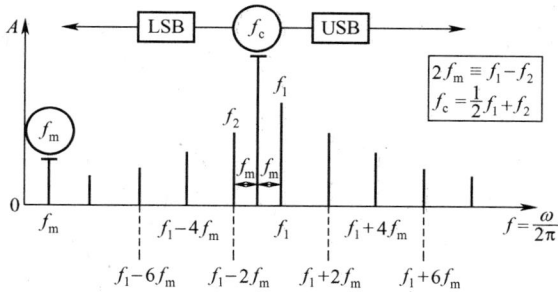

$$2f_m \equiv f_1 - f_2$$
$$f_c = \frac{1}{2}f_1 + f_2$$

图 3.15　LSB 和 USB 噪声边带频率

$$f_{\text{LSB}} = \begin{cases} f_1 - 2f_m = f_c - f_m = f_2 \\ f_1 - 4f_m = f_c - 3f_m = 2f_2 - f_1 \\ f_1 - 6f_m = f_c - 5f_m = 3f_2 - 2f_1 \\ \cdots \end{cases} \tag{3.80}$$

和

$$f_{\text{USB}} = \begin{cases} f_1 + 0f_m = f_c + f_m = f_1 \\ f_1 + 2f_m = f_c + 3f_m = 2f_1 - f_2 \\ f_1 + 4f_m = f_c + 5f_m = 3f_1 - 2f_2 \\ f_1 + 6f_m = f_c + 7f_m = 4f_1 - 3f_2 \\ \cdots \end{cases} \tag{3.81}$$

然而,噪声响应的非线性项不仅与输入振幅的平方 x^2 成正比,而且与高

41

阶输入幅值成正比,例如 x^3 或与方程(3.64)相比更高阶的量。从文献[9]可知,在强非线性系统中,f_1 和 f_2 的调制截止频率会产生两个二阶谐波频率 $f_1 - f_2$ 和 $f_1 + f_2$,进而产生三阶谐波分量 $2f_2 + f_1$ 和 $2f_1 + f_2$,如表3.1所列。

表3.1　噪声边带频率调制

下边带			f_c			上边带			f 阶次
$2f_2 - f_1$		f_2	$(f_1 + f_2)/2$	f_1		$2f_1 - f_2$			1X
$3f_2 - f_1$	$2f_2$		$f_1 + f_2$		$2f_1$		$3f_1 - f_2$		2X
$4f_2 - f_1$	$3f_2$	$2f_2 + f_1$	$3(f_1 + f_2)/2$	$2f_1 + f_2$	$3f_1$	$4f_1 - f_2$			3X

为了生成 LSB 频率,沿着细箭头将激励频率 f_2 加在 $2f_2 - f_1$ 上可以得到二阶频率 $3f_2 - f_1$,再将 f_2 加在所得二阶频率上可以得到三阶频率 $4f_2 - f_1$,同时,沿着粗箭头,可以通过将 f_2 加到自身以及 $2f_2$ 上来得到新的高阶频率 $2f_2$ 和 $3f_2$,为了得到三阶频率 $2f_2 + f_1$,可以沿着虚箭头的方向将 f_2 加到 $f_1 + f_2$ 上。类似地,USB 频率也可以使用相同方法得到。

参 考 文 献

[1] Fahy, F., Gardonio, P.: Sound and Structural Vibration, 2nd edn, Academic Press, London (2007).

[2] Crocker, M. J.: Noise and Vibration Control, Wiley, NY (2007).

[3] Dawkins, S.: A guide to aeroacoustics: An overview, Lighthill's equation, related model equations, Webster's Digital Services (2011).

[4] Schobeiri, M.: Turbomachinery Flow Physics and Dynamic Performance, 2nd edn, Springer, Berlin (2012).

[5] Nguyen-Schäfer, H.: Rotordynamics of Automotive Turbochargers. Springer, Berlin (2012).

[6] Nguyen-Schäfer, H. Kleinschmidt, R.: Analysis and nonlinear rotordynamics computation of constant tone in automotive turbochargers. 17th ATK Conference, Dresden (2012).

[7] Tam, C.: Computational Aeroacoustics: A Wave Number Approach, Cambridge University Press, Cambridge (2012).

[8] LMS Virtual Lab Acoustics: http://www.lmsintl.com/acoustic-simulation (2012).

[9] Ehrich, F.: Handbook of Rotordynamics, Krieger Publishing Company, Florida (2004).

[10] Software MSC: Program ASTRAN of Aero and Vibroacoustics (2012) http://www.mscsoftware.com/Products/CAE-Tools/Actran-For-Nastran.aspx.

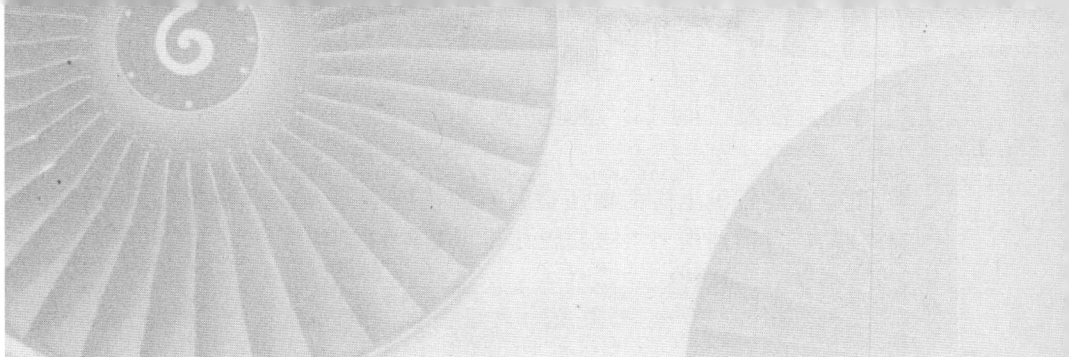

第4章
增压器噪声产生机理分析

乘用车涡轮增压器的噪声类型已经在第2章进行介绍。气动噪声,如脉动啸叫噪声、旋转噪声、失速噪声和喘振噪声等,都是由涡轮增压器的压气机内部流场流动导致的,由流体(增压空气)、固体壁面(涡轮增压器)和流体(环境大气)在其交界面上的相互作用产生。诸如不平衡啸叫噪声、油膜涡动噪声、高次谐波噪声和磨损噪声等转子动力学噪声都是由涡轮增压器转子运转导致的,通过流体(润滑油)、固体壁面(涡轮增压器)和流体(环境大气)在其交界面上的相互作用产生。不平衡啸叫噪声是加工误差引起的转子不平衡导致的;油膜涡动噪声是由油润滑轴承本身自激不稳定性导致的内油膜涡动诱导产生的。为改善车辆中涡轮增压器噪声特性,在后续章节中需要对这些噪声的产生机理进行分析。

4.1 气动噪声

脉动啸叫噪声、旋转噪声、失速噪声和喘振噪声是车用涡轮增压器中的典型气动噪声。

4.1.1 气动噪声产生机理

脉动啸叫噪声是由铣削或制模工艺误差导致的压气机叶轮流道容积微小差异引起的,如图4.1所示,因为流道容积的微小变化,叶片出口处增压空气的压力也略有不同。在每个旋转周期中,叶轮出口处的压气机叶轮流道内增压空气的压力产生扰动,这个压力扰动 δp 引起了同步脉动啸叫噪声,通过压气机壳体中冷器和增压空气管路进行传播,并激励增压系统,最终以气动噪声的形式将脉动啸叫噪声辐射到车内和环境中。为了减小脉动啸叫噪声,可以在压气机出口的增压空气管路内安装基于亥姆霍兹共振器的脉动消声器,通过该消声器来降低脉动啸叫噪声的幅值。

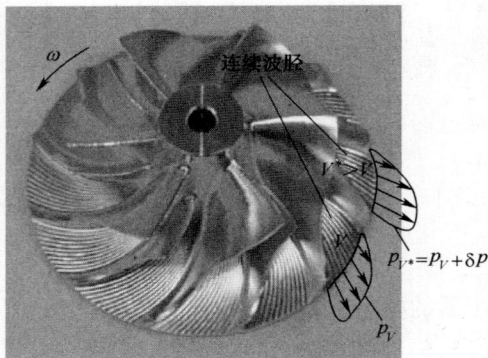

图 4.1 压气机叶轮出口的压力扰动

旋转噪声是由压气机或涡轮的叶片旋转引起的。对于径流式压气机,由于叶片旋转,压气机叶轮流道内的空气被增压,在每个旋转周期内,转动的叶片在叶片进口、叶片出口及靠近压气机蜗舌处扰动增压空气,导致在旋转叶片的出口流域、靠近压气机蜗舌的位置产生尾流和涡流,在压气机中形成局部压力扰动产生旋转噪声。旋转噪声频率 f_{RN} 等于压气机叶轮叶片数 Z 和转子转动频率 $f_R = \omega/(2\pi)$ 之积,即 $f_{RN} = f_R \cdot Z$。如图 4.1 所示,在压气机进口,Z 等于主叶片个数($Z = 6$);在压气机出口,Z 等于主叶片、分流叶片个数之和($Z = 12$)。压气机壳体上测得的瀑布图显示旋转噪声在压气机进口体现为 6 阶频次(6 倍频),在出口处则体现为 12 阶频次(12 倍频),如图 4.2 所示。

通常,可以增加压气机的叶片数或优化压气机蜗舌结构来降低旋转噪声,前者将噪声频率增大到(6 倍频和 12 倍频)16kHz 上,使人耳无法听到这些噪声,但动物仍然可以听到这类高频噪声;压气机出口处蜗舌结构的优化可以抑制压力扰动(空气尾流和涡流),使增压空气在每个旋转周期内平稳地流入到压气机出口段,只产生很小的旋转噪声。

失速噪声(压气机失速相关噪声)是由空气在靠近叶片出口吸力面上的局部倒流引起的。

喘振噪声(压气机喘振相关噪声)是压气机深度喘振引起的,此时增压空气完全由压气机出口倒流至压气机进口。当降低车速、突然释放油门时会产生喘振噪声,这时,尽管涡轮增压器转速依旧很高,但发动机所需的增

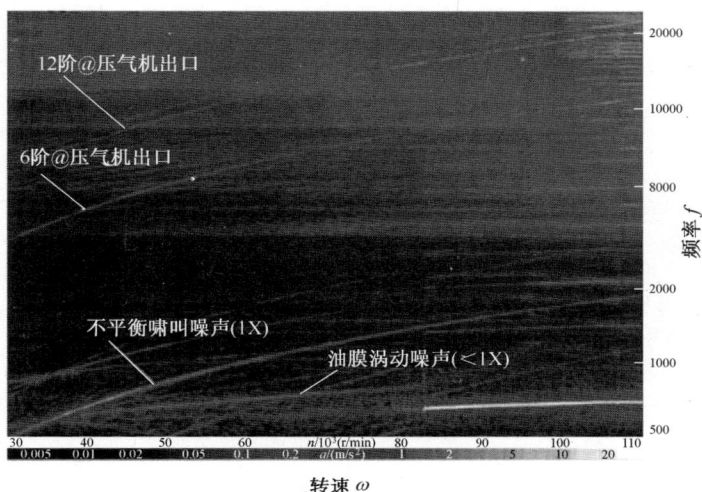

图 4.2 涡轮增压器噪声谱瀑布图

压空气流量因发动机节流阀开始关闭而大大降低,由于增压器转速仍旧很高,所以压气机出口的压力增加,从而令压气机工作在深度喘振状态,引起了涡轮增压器中的喘振噪声。

为了更好地理解压气机旋转失速和喘振的根本原因,在下面的小节中给出压气机气体流动特性。

4.1.2 径流式压气机的空气动力学

图 4.3 给出了主要用于增大车用涡轮增压器中压气机运行范围的后弯式离心压气机叶轮,注意压气机叶轮旋转方向 ω 和叶片出口方向是相反的,即径流式压气机叶轮的出流方向和叶片出口的圆周速度方向是相反的。

径流式压气机叶轮包括主叶片和分流叶片,它们将压气机流道分为两个等体积的流道。分流叶片有两个功能:一是避免在叶片进口 1 处出现阻塞流动;二是减小靠近叶片出口 2 处吸力面上的流动分离。然而,分流叶片增大了压气机叶轮中流动摩擦,且可能降低压气机中的质量流量。

轮缘是叶片顶部的轮廓,在轮缘和压气机壳体之间有空气间隙,在旋转时,气流可以越过轮缘从叶片压力面泄漏到吸力面。如图 4.3 所示,轮毂是从叶片进口 1 到叶片出口 2 之间主叶片和分流叶片的底面(圆锥面)。由此,压气机叶轮中的三维流动被限制在主叶片、分流叶片、轮毂、轮缘和压气机壳体之间的流道内。

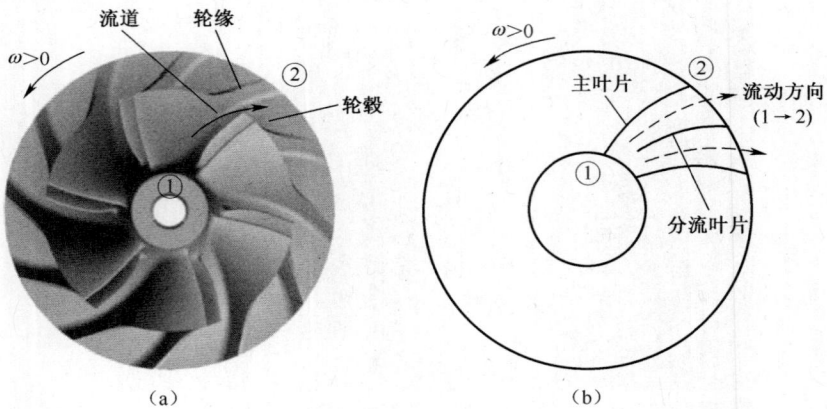

图 4.3　径流压气机后弯叶轮

图 4.4 是典型车用涡轮增压器的结构。压气机包括安装在支撑上的压气机叶轮、扩压器、蜗壳和压气机壳体,进气从叶片进口 1 进入并沿着叶片被压缩,方向是叶片进口 1 到叶片出口 2,从轮毂到叶轮轮缘。由于压气机叶轮的转速较高,进气压力在叶片出口 2 处增加,增压空气的压力在压气机叶轮和蜗壳之间由压气机壳体构成的扩压器中被进一步增大。对于增压小型化发动机,更重要的衡量指标是压气机的质量流量而不是增压压力。

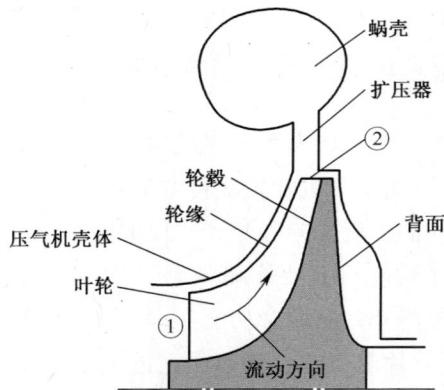

图 4.4　径流式压气机安装

压气机扭矩可以通过角动量方程得到

$$M_C = \dot{m}_C(r_2 c_{u,2} - r_1 c_{u,1}) \tag{4.1a}$$

式中　$\dot{m}_C$——压气机质量流量;

r_1、r_2 ——压气机叶轮进口(导流器)和出口(出口导流器)半径;

$c_{u,1}$、$c_{u,2}$ ——进口和出口处的切向(或旋转)速度。

压气机质量流量由空气密度 ρ、子午面速度分量 c_m 和压气机横截面积 A_C 计算得到

$$\dot{m}_C = \rho c_m A_C \tag{4.1b}$$

压气机功率由压气机扭矩和角转速得到

$$P_C = M_C \omega = \dot{m}_C \omega (r_2 c_{u,2} - r_1 c_{u,1})$$
$$= \dot{m}_C (u_2 c_{u,2} - u_1 c_{u,1}) \tag{4.2a}$$

式中　u_1、u_2 ——压气机叶轮进口和出口处的周向速度。

压气机功率也可以通过涡轮功率 P_T 和机械效率 η_m 计算得到

$$P_C = \eta_m P_T = \eta_m \eta_T \dot{m}_T c_{p,g} T_3 \left[1 - \left(\frac{p_4}{p_3} \right)^{\left(\frac{k-1}{k} \right)_g} \right] \tag{4.2b}$$

式中　η_T ——涡轮效率;

　　　T_3 ——排气进口温度;

　　　p_3 ——排气进口绝对压力;

　　　p_4 ——排气出口绝对压力;

　　　k_g ——排气绝热指数($k_g \approx 1.32$);

　　　$c_{p,g}$ ——排气比定压热容。

压缩空气所必需的压气机功率由质量流量、进口温度和压气机压比组成的函数表示:

$$P_C = \frac{P_{C,\text{ideal}}}{\eta_C} \equiv \frac{\dot{m}_C c_{p,a} T_1}{\eta_C} \left[\left(\frac{p_2}{p_1} \right)^{\left(\frac{k-1}{k} \right)_a} - 1 \right] \tag{4.2c}$$

式中　η_C ——压气机效率;

　　　T_1 ——空气进口温度;

　　　p_1 ——空气进口绝对压力;

　　　p_2 ——增压空气出口绝对压力;

　　　k_a ——增压空气绝热指数($k_a \approx 1.4$);

　　　$c_{p,a}$ ——增压空气比定压热容。

联立式(4.2b)和式(4.2c),可以得到压气机压比:

$$\pi_C \equiv \frac{p_2}{p_1} = \left\{ 1 + \left(\frac{\dot{m}_T}{\dot{m}_C} \frac{T_3}{T_1} \eta_{TC} \right) \frac{c_{p,g}}{c_{p,a}} \left[1 - \left(\frac{p_3}{p_4} \right)^{-\left(\frac{k-1}{k} \right)_g} \right] \right\}^{\left(\frac{k}{k-1} \right)_a} \tag{4.2d}$$

式中　η_{TC} ——涡轮增压器总效率,定义为

$$\eta_{TC} = \eta_m \eta_T \eta_C \tag{4.2e}$$

关于气流角 α_i 和叶片角 β_i 的约定如下：

（1）如果 $c_{u,i} > 0$ 且 $\alpha_i > 0$，则 $c_{u,i}$ 和圆周速度 u_i 方向相同；

（2）如果 $w_{u,i} < 0$ 且 $\beta_i < 0$，则 $w_{u,i}$ 和圆周速度 u_i 方向相反。

如图 4.5 所示，压气机叶轮中的绝对气体速度是相对气流速度 w_i 和周向速度 u_i 的矢量和，即

$$\boldsymbol{c}_i = \boldsymbol{w}_i + \boldsymbol{u}_i \tag{4.3}$$

因此，$i = 1,2$ 时的压气机叶轮进口和出口相对速度计算如下：

$$w_i^2 = c_i^2 + u_i^2 - 2\boldsymbol{c}_i\boldsymbol{u}_i = c_i^2 + u_i^2 - 2c_iu_i\cos(\boldsymbol{c}_i,\boldsymbol{u}_i)$$

$$= c_i^2 + u_i^2 - 2c_iu_i\cos\left(\frac{\pi}{2} - \alpha_i\right) = c_i^2 + u_i^2 - 2c_iu_i\sin\alpha_i \tag{4.4}$$

$i = 1,2$ 时的切向速度矢量分量 $c_{u,i}$ 可以从图 4.5 所示的速度三角形中计算得到

$$c_{u,i} = c_i\sin\alpha_i \tag{4.5}$$

因此，相对速度分量 w_i 可以通过将式（4.5）代入式（4.4）中得到

$$|w_i| = \sqrt{c_i^2 + u_i^2 - 2u_ic_{u,i}} \tag{4.6}$$

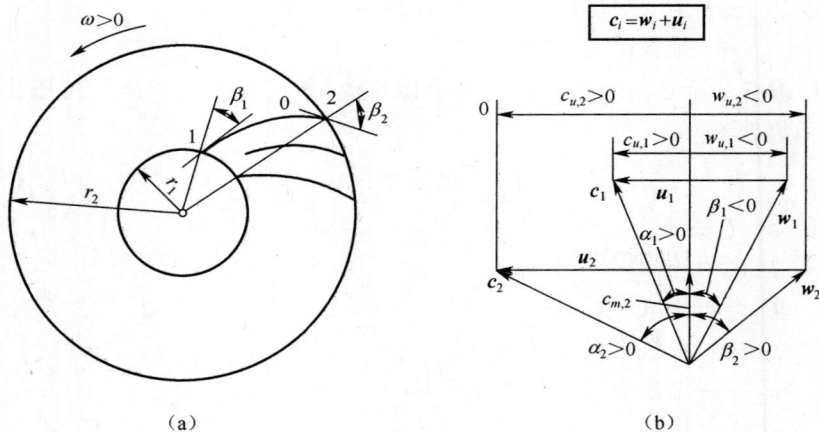

图 4.5 径流式压气机叶轮速度三角形

联立式（4.2a）和式（4.6），可得欧拉涡轮方程中的压气机比功率 W_C。压气机比功率定义为每单位质量流量的压气机功率，单位是 W/（kg/s）或 J/kg。

欧拉涡轮方程为

$$W_C \equiv \frac{P_C}{\dot{m}_C} = (u_2 c_{u,2} - u_1 c_{u,1})$$

$$= \frac{1}{2} \left[(c_2^2 - c_1^2) + (u_2^2 - u_1^2) - (w_2^2 - w_1^2) \right] \tag{4.7}$$

式中,因为压气机出口空气密度大于进口空气密度,所以 $w_2 < w_1$。

注意:为避免压气机叶片吸力面上的气流分离,根据德哈勒(De Haller)定律[1,8],如果满足压气机性能要求,则速度比 (w_2/w_1) 应该在 $0.65 \sim 0.75$ 之间。

如图 4.5 所示,进口绝对速度的切向分量 $c_{u,1}$ 由进口绝对速度 c_1 和进口气流角 α_1($\alpha_1 > 0$)求得

$$c_{u,1} = c_1 \sin\alpha_1 \tag{4.8}$$

如图 4.5 所示,出口绝对速度的切向分量 $c_{u,2}$ 由出口圆周速度 u_2、子午面速度分量 $c_{m,2}$ 和出口叶片角 β_2($\beta_2 < 0$)计算得到

$$c_{u,2} = c_2 \sin\alpha_2$$
$$= u_2 + c_{m,2} \tan\beta_2 \tag{4.9}$$

对稳态绝热过程使用热力学第二定律,可以得到压气机比功率,即

$$W_C = u_2 c_{u,2} - u_1 c_{u,1}$$
$$= h_{t,2} - h_{t,1}$$
$$= c_p(T_2 - T_1) + \frac{1}{2}(c_2^2 - c_1^2) \tag{4.10}$$

式中　$h_{t,1}$、$h_{t,2}$——压气机叶轮进口和出口总焓(见附录 A);

　　　　c_p——空气比定压热容;

　　　　c——绝对气体速度。

后弯式压气机叶轮多应用于车用涡轮增压器,如图 4.6(a)所示,这种情况下,增压空气在叶片前面被压缩,该叶片面常被称为压力面(ps),图中用"+++"表示。相反,气流从靠近出口 2 处的叶片背面分离,这个与压力面相对的叶片面称为吸力面(ss),图中用"---"表示。

在压力面一侧,叶片出口 2 处发生喷流,且叶片在以速度 ω 旋转时,气流喷流以顺流的形式一直维持在叶片上(图 4.6(b))。在与压力面相对的吸力面上,增压空气压力从叶片进口 1 到叶片出口 2 逐渐减小,此时,气体尾流在靠近轮缘位置开始从吸力面分离,此时壁面上相对速度梯度为 0。在分离区内,部分增压空气在壁面处以负速度梯度倒流,然而,压气机叶轮中体积流量相对于顺流仍然为正,即使在靠近轮毂处的吸力面上,空气出流也都

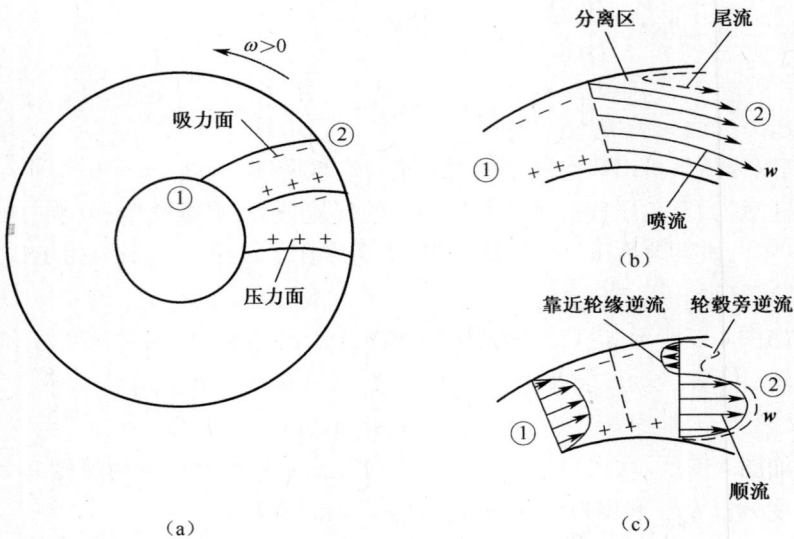

图 4.6　径流式压气机叶轮的流动速度剖面

是正向的,如图 4.6(c)所示,可以看出流动剖面从轮毂到轮缘间的流线轮廓变化。

当增压空气从靠近叶片出口的吸力面、无叶扩压器或压气机诱导叶轮叶尖处局部分离时,就会发生旋转失速(中度喘振,见图 4.6 和图 4.7)。在这种情况下,压气机中的质量流量逐渐减小,但其值仍为正,进而引起失速噪声。

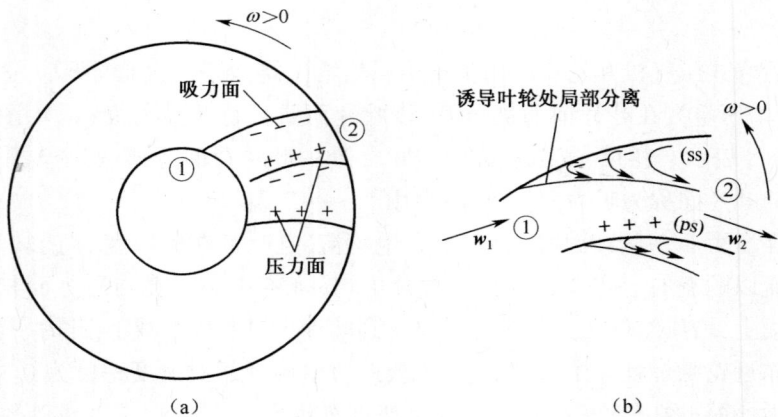

图 4.7　诱导叶轮中的气流分离

如图 4.8 所示,与旋转失速相比,在低质量流量、高压比情况下,增压空气沿着吸力面到压力面、轮毂到轮缘,完全从压气机出口倒流至压气机进口,这种现象称为压气机深度喘振,其主要发生在旋转失速之后、压气机出口的压力远远高于增压空气压力的情况下。在深度喘振时,质量流量呈现从正质量流量(顺流)到负质量流量(逆流)的周期性变化,在周期性的回流中(再循环),压气机中将产生非常大的喘振噪声。由于空气再循环的气流摩擦,压气机叶轮中的空气温度大大增加,此外,深度喘振还会损坏推力轴承和涡轮增压器。当质量流量较低、压气机出口压力相对较高时,压气机深度喘振也可能发生在扩压器中,较高的出口压力会使得气流从扩压器倒流至压气机进口。如图 4.8 所示,深度喘振时,因为气流整体从压气机出口倒流至压气机进口,压气机无法输运任何质量流量,反之亦然。压气机旋转失速和深度喘振等这些现象将在下面的章节做详细的理论分析。

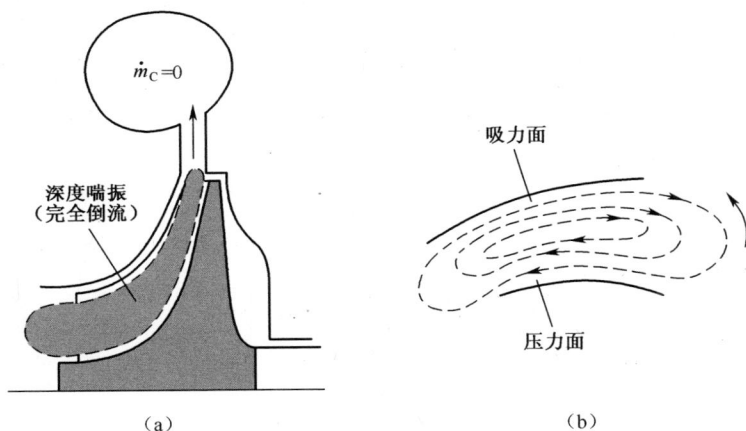

图 4.8　径流式压气机叶轮中的倒流

4.1.3　径流式压气机的失速和喘振

旋转失速和喘振主要在低质量流量和高压比的工况下发生,引起这些现象的主要原因是流动的不稳定性,流动不稳定性引起了压气机性能曲线图喘振线左侧某些工况点的回流,见图 4.9(压气机压比 π_C 与修正质量流量绘制的压气机特性曲线)。增压器转速从停速状态到低转速($30\% N_{\max}$)时,为了确保低速扭矩(LET)状态的良好瞬态响应,在全负荷特性线中压气机压比以一个相对较大的压力梯度增加;在进一步将增压器转速 N 提升至约 70% N_{max} 时,压气机压比增加至约 2.5,同时发动机达到了最大扭矩 M_1,额定功率 P_{nom} 刚好出现在增压器最大转速 N_{max} 之前。在高原应用中,转速可以达到与 $u_{2,max} = 560\text{m/s}$ 对应的增压器最大转速,此时增压器转速相比于额定转速增加 8% ~10%(高原转速储备)。

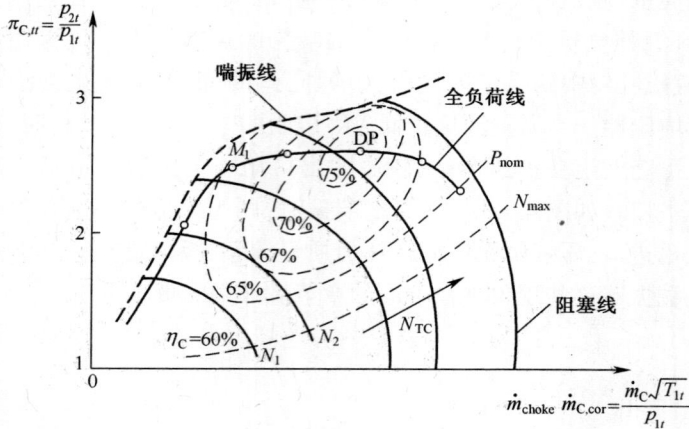

图 4.9 压气机性能曲线

在压气机特性曲线图中,压气机压比由修正质量流量和涡轮增压器转速的函数表示:

$$\pi_C \equiv \frac{p_2}{p_1} = f(\dot{m}_C, N_{TC}) \tag{4.11}$$

式中　π_C ——压气机压比;

p_1、p_2 ——压气机进、出口的空气压力;

$\dot{m}_C$ ——压气机质量流量。

如图 4.10 所示,在涡轮增压器等转速 N_{TC} 线上,随压气机体积流量减小,增压空气压力上升。当增压器等转速线跨越喘振线时,增压空气在压气机叶轮中周期性局部回流进而产生了压气机旋转失速,在失速状况下,压气机压比随着体积流量的减小而减小,此时,压气机中的体积流量依然为正,增压空气在短时间内从压气机出口部分回流至压气机进口,随后再次被泵送至压气机出口,因此,旋转失速周期相对较短。相比之下,在深度喘振时,随着压气机压比进一步降低,压气机体积流量在回流方向也减小,压气机后管路内的压力很快下降到压气机进口压力下,增压空气在喘振线右侧的正常工况点再次被压缩至压气机出口(图 4.10)。在这种情况下,压气机后的充满管路的气体必须要完全释放,直至达到低于当前压气机进口压力的最小压力,因此,喘振周期相比于旋转失速周期要长得多;随后,管路再次被增压空气充满,其压力再一次增加至充入增压空气压力以上,导致压气机失速和喘振,因此,喘振过程在喘振工况下周期重复。对于车内的驾驶员和乘客,旋转失速和喘振流动工况都会产生令人生厌的失速噪声和喘振噪声,而且,由于重复的周期性回流,增压空气温度急剧增加。在这种情况下,由于增压空气较大的压力脉动,作用在推力轴承上的轴承载荷从涡轮叶轮转到压气机叶轮上,反之亦然,这将对推力轴承和整个涡轮增压器产生损伤。

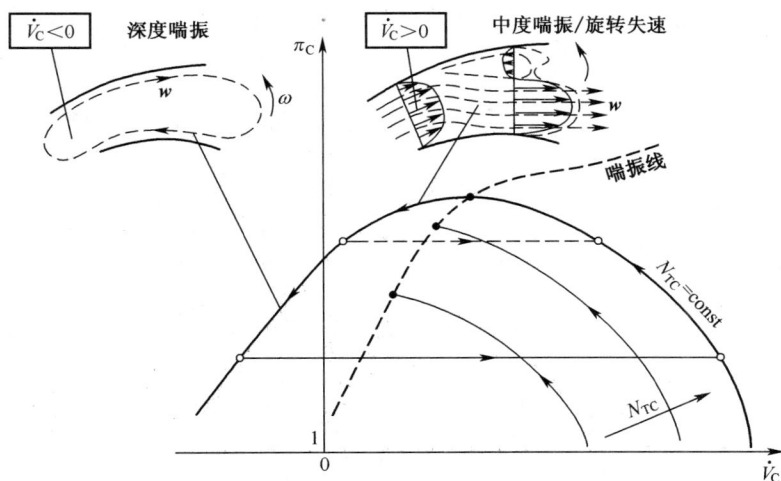

图 4.10　性能曲线图中的压气机失速和喘振

需要注意的是压气机喘振在一维流动形式中已经有所考虑,然而,如图4.8所示,在三维流动形式中它仍可以产生旋转失速不稳定性。最初,当涡轮增压器在等转速线上运行,随体积流量减小而越过喘振线时,会发生中度喘振,此时气流开始从靠近叶片出口的吸力面处分离。当压气机中整体回流发生时,深度喘振通常在中度喘振(旋转失速)后直接出现,然而在某些运行工况下深度喘振和旋转失速可能交替发生。

为了改善径流式压气机中失速和喘振的流动稳定性,叶片出口角绝对值 $|\beta_2|$ 应该增加(更大的后弯角),然而,后弯角的角度越大,压气机叶轮中的流动阻力越大,压气机效率降低。此外,由于叶片长度较长,作用在叶片上的离心力引起的正应力也增加,某些情况下将导致叶片损伤。

下面分析和讨论压气机旋转失速和喘振的不稳定阈值。首先,定义一些需要用到的无量纲数和系数,用于分析特性曲线图中的压气机旋转失速和喘振不稳定性。

流动系数定义为子午面速度和叶片出口 2 处的周向速度之比,即

$$\phi \equiv \frac{c_{m,2}}{u_2} \propto \frac{\dot{V}_C}{D_2^2 u_2} \propto \frac{\dot{m}_C}{\rho_2 D_2^2 u_2} \tag{4.12}$$

压升系数定义为压气机中压力增量与叶片出口 2 处动能的比值,即

$$\psi \equiv \frac{\Delta p_C}{\rho_2 N_{TC}^2 D_2^2} \propto \frac{\Delta p_C}{\rho_2 u_2^2} \propto \frac{\pi_C}{\rho_2 u_2^2} \tag{4.13}$$

如图 4.10 和图 4.11 所示,压气机特性 C 是在压升系数和流动系数之间的特性。压气机系统的节流特性 T 由管路、集气室和节流阀确定(图 4.12),描述了取决于节流系数 α_T 和压降系数 Δp_T 的压气机体积流量。

$$\dot{V}_T \propto \alpha_T A_T \sqrt{\Delta p_T} \tag{4.14a}$$

流动系数和压升系数之间的关系可以由式(4.12)、式(4.13)和式(4.14a)得到

$$\psi_T \propto \frac{1}{(A_T \alpha_T)^2} \phi_T^2 \tag{4.14b}$$

如图 4.11 所示,喘振线右侧为稳定工况(无失速和喘振)。在喘振线左侧,压气机特性在等转速线上的 M 和 A 之间保持静态稳定,根据文献[3],当压气机特性线斜率 C' 比节流特性线斜率 T' 大时,压气机特性在 A 和 B 之间变得静态不稳定。

$$\left(\frac{\partial \psi}{\partial \phi}\right)_C \equiv C' > T' \equiv \left(\frac{\partial \psi}{\partial \phi}\right)_T \tag{4.15}$$

通过微分方程式(4.14b),可以得到始终为正的节流特性线斜率为

$$T' \equiv \left(\frac{\partial \psi}{\partial \phi}\right)_T \propto \frac{2\phi_T}{(A_T \alpha_T)^2} = \frac{2\xi_T^2 \phi_T}{A_T^2} > 0 \tag{4.16}$$

式中:α_T 为节流系数;ξ_T 为节流阀处的压力损失系数($\xi_T \equiv 1/\alpha_T$)。

式(4.16)表明,节流特性线斜率 T' 与节流流量系数 ϕ_T 成正比,所以,节流流量系数 ϕ_T 越低,节流特性线斜率 T' 越小。节流阀中的体积流量受节流面积 A_T 的限制(图 4.12),如果压气机体积流量($\phi_C \propto C'$)高于节流阀中允许的最大体积流量($\phi_C \propto T'$),气流就会倒流到压气机中。如式(4.15)所示,如果 $C' > T'$,那么压气机中就会发生静态不稳定,在这种情况下,气流从靠近叶片出口的吸力面分离并回流进入压气机进口,导致压气机旋转

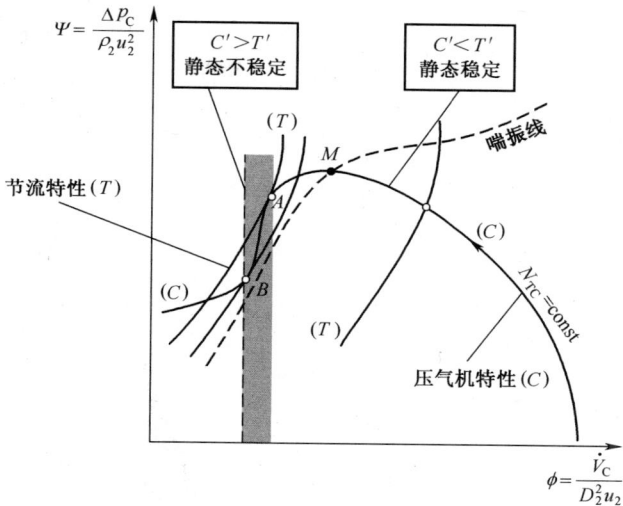

图 4.11　静态不稳定运行工况

失速和深度喘振。

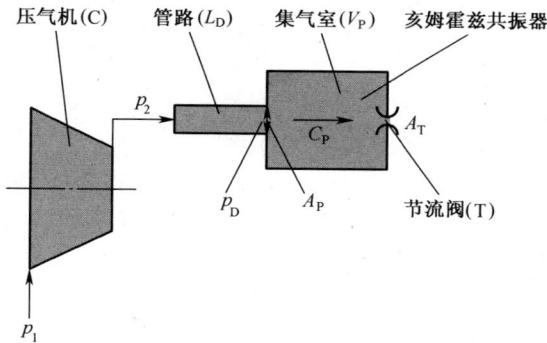

图 4.12　压气机系统构成

逻辑上,压气机工况仅在以下情况是静态稳定:

$$C' < T' \qquad (4.17)$$

在这种情况下,压气机体积流量小于节流阀中允许的最大体积流量,压气机运转在静态稳定工况且满足式(4.17)给出的稳定条件。静态不稳定和静态稳定工况都显示在压气机性能曲线图中,如图 4.11 所示。

如果压气机特征线斜率 C' 和节流阀特性线斜率 T' 相等

$$C' = T' \qquad (4.18)$$

则出现静态不稳定阈值(静态不稳定开始),在此工况下,气流开始从靠近叶片出口的吸力面分离。

如式(4.15)所示,在静态不稳定时,气流紊乱并从叶片分离,静态不稳定决定了节流阀中的最小体积流量。相反地,压气机系统中气流振动的负阻尼导致了动态不稳定[1]。下面将深入讨论和分析压气机的动态不稳定特性。

图4.12显示了由压气机(C)、长度L_D和横截面积为A_P的管路、容积为V_P和声速为c_P的集气室以及节流阀(T)组成的压气机系统,由于节流阀中的压力反射,压气机系统中的气流以振幅$\zeta(t)$、频率ω振动。用质量流量、压力和密度等特征量表示的压气机系统的齐次振动方程可以写为

$$M\ddot{\zeta}(t) + D\dot{\zeta}(t) + S\zeta(t) = 0 \tag{4.19}$$

式中 $\zeta(t)$ ——扰动特征;

M、D、S ——压气机系统流量方程计算得到的振动方程系数[1]。

系统质量系数为

$$M \equiv \left(\frac{L_D V_P}{A_P c_P^2}\right) T' > 0 \tag{4.20}$$

系统阻尼系数为

$$D \equiv \left(\frac{L_D}{A_P} - \frac{C' T' V_P}{c_P^2}\right) \tag{4.21}$$

系统刚度系数为

$$S \equiv T' - C' \tag{4.22}$$

式(4.19)是一个线性二阶常微分方程(ODE),其齐次解为

$$\zeta(t) = Ae^{\lambda t}$$
$$= Ae^{(\alpha + j\omega)t} = Ae^{\alpha t}e^{j\omega t}$$
$$= Ae^{\alpha t}(\cos\omega t + j\sin\omega t) \tag{4.23}$$

式中 A ——$\zeta(t)$的振动响应幅值;

λ ——振动系统($\lambda = \alpha + j\omega$)的复特征值;

ω ——喘振角频率;

j ——虚数单位($j^2 = -1$)。

需要注意的是如果复特征值λ的实部α为负,则系统响应$\zeta(t)$条件稳定;否则,在$\alpha > 0$时,解随着时间指数增加,这使得系统不稳定,进而导致旋转失速和喘振。下面计算实部α(增长/衰减率)。

将响应$\zeta(t)$的一阶、二阶导数代入式(4.19),可以得到振动系统的特

征方程[4]为

$$M\lambda^2 + D\lambda + S = 0 \qquad (4.24)$$

特征值 λ 可以由式(4.24)计算得到

$$\lambda = \alpha + \mathrm{j}\omega = -\frac{D}{2M} \pm \sqrt{\left(\frac{D}{2M}\right)^2 - \left(\frac{S}{M}\right)} \qquad (4.25)$$

式(4.25)中的系统刚度系数 S 必须为正数,因此增长/衰减率 α 始终为负。所以,$S > 0$ 满足 $\alpha < 0$ 的条件,这对满足压气机静态稳定 $C' < T'$ 是必需的。

当平方根项为负时,式(4.25)可写为复数形式:

$$\lambda = \alpha \pm \mathrm{j}\omega = -\frac{D}{2M} \pm \mathrm{j}\sqrt{\left(\frac{S}{M}\right) - \left(\frac{D}{2M}\right)^2} \qquad (4.26)$$

显然可得

$$\alpha = -\frac{D}{2M}, \quad \omega = \sqrt{\frac{S}{M} - \left(\frac{D}{2M}\right)^2} \qquad (4.27)$$

为了保证 $\alpha < 0$,系统阻尼系数 D 必须为正(见附录 D),因此,压气机动力学稳定条件要求为 $D > 0$,如式(4.29)所示。

图 4.13 显示了不同 α 值时振动响应的稳定性。在 $\alpha < 0$ 时转子响应稳定,压气机喘振幅值随着时间指数减小;不稳定阈值在 $\alpha = 0$ 时出现,此时振动响应幅值不随时间变化;在 $\alpha > 0$ 时振动响应不稳定,此时喘振幅值随着时间指数增加。

劳斯-赫尔维茨(Routh-Hurwitz)稳定性判据也可以用于分析压气机系统振动的流动稳定性(见附录 E)[4]。如果方程(4.24)中的 M、D 和 S 均非零,且具有相同的正、负号来满足稳定性必要条件,则气流特征条件稳定。首先,因为节流特性线斜率始终为正,所以第一个系数 M 为正;其次,只有正的系统刚度系数 $S > 0$ 才能在 $\alpha < 0$ 时满足静态稳定条件 $C' < T'$。

$$S = T' - C' > 0$$
$$\Rightarrow C' < T' \qquad (4.28)$$

式(4.28)的结果表明,式(4.17)给出的静态稳定条件已经被劳斯-赫尔维茨判据再次确认。最后,如果式(4.24)中的系统阻尼系数 D 为正,则 $\alpha < 0$ 时的动力学稳定性条件可以满足

$$D = \frac{L_\mathrm{D}}{A_\mathrm{P}} - \frac{C'T'V_\mathrm{P}}{c_\mathrm{P}^2} > 0$$

$$\Rightarrow C' < \frac{L_{\mathrm{P}} c_{\mathrm{P}}^2}{A_{\mathrm{P}} V_{\mathrm{P}} T'} \equiv \frac{1}{B'^2 T'} \tag{4.29}$$

式中

$$B'^2 \equiv \frac{A_{\mathrm{P}} V_{\mathrm{P}}}{L_{\mathrm{P}} c_{\mathrm{P}}^2} = \frac{1}{\omega_{\mathrm{H}}^2} \left(\frac{A_{\mathrm{P}}}{L_{\mathrm{D}}} \right)^2 \tag{4.30}$$

B' 的单位为 m·s。

集气室/管路的亥姆霍兹频率由下式确定：

$$\omega_{\mathrm{H}} \equiv c_{\mathrm{P}} \sqrt{\frac{A_{\mathrm{P}}}{L_{\mathrm{D}} V_{\mathrm{P}}}} \tag{4.31}$$

ω_{H} 的单位为 1/s。

参数 B' 与亥姆霍兹频率平方成反比。根据式(4.31)，当集气室体积 V_{P} 较大、管路长度 L_{D} 较长且横截面积 A_{P} 较小时，亥姆霍兹频率变小，因此，在亥姆霍兹频率很小的时候参数 B' 会比较大。当参数 B' 较大时，式(4.29)中的稳定性条件不再满足，从而使压气机中发生动态不稳定性，进而发生喘振。

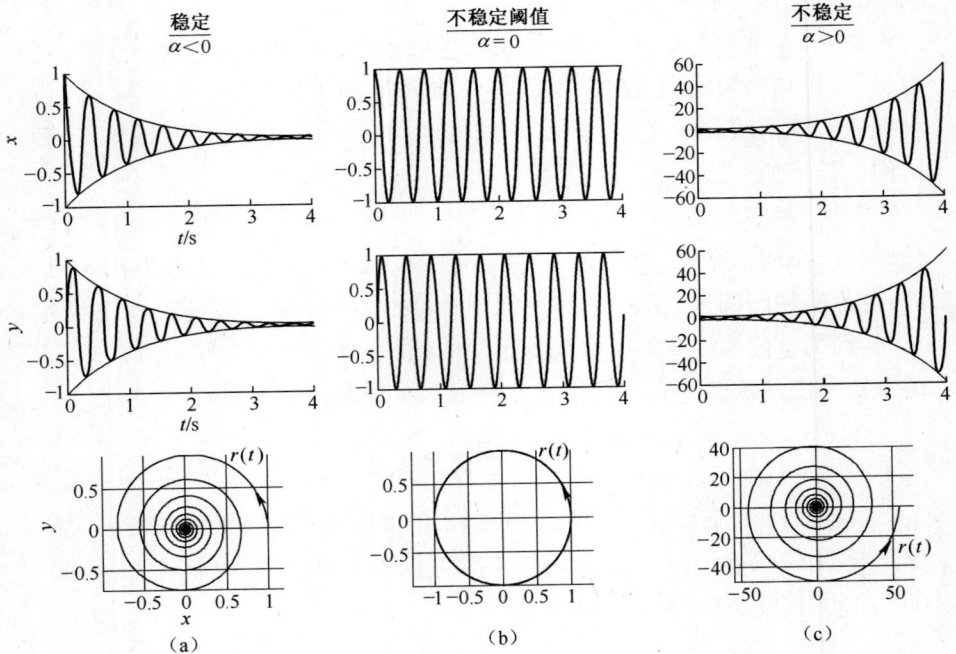

图 4.13　振动响应中的稳定性特征

压气机系统的无阻尼特征频率(固有频率)可以由式(4.19)计算得到

$$\omega_n \equiv \sqrt{\frac{S}{M}} = c_P \sqrt{\frac{A_P}{L_D V_P}} \cdot \sqrt{\frac{T' - C'}{T'}}$$

$$\Rightarrow \omega_n = \omega_H \sqrt{1 - \frac{C'}{T'}} < \omega_H \qquad (4.32)$$

结果表明,压气机系统的亥姆霍兹频率 ω_H 通常高于式(4.27)给出的喘振频率 ω。因此,根据式(4.29),在负阻尼系统中 $\alpha > 0$ 时,压气机工况变得动态不稳定。

$$C' > \frac{1}{B'^2 T'} \qquad (4.33)$$

当 B' 和 T' 较大时,式(4.33)右端项很小,动态不稳定性条件更加苛刻。如图4.14所示,在这种情况下,尽管压气机特性线斜率 C' 小于节流特性线斜率 T',压气机特性线斜率 C' 仍然较容易超过式(4.33)右端项。因此,首先必须考虑式(4.29)中的动力学稳定性条件,然后考虑式(4.28)中静态稳定性条件。

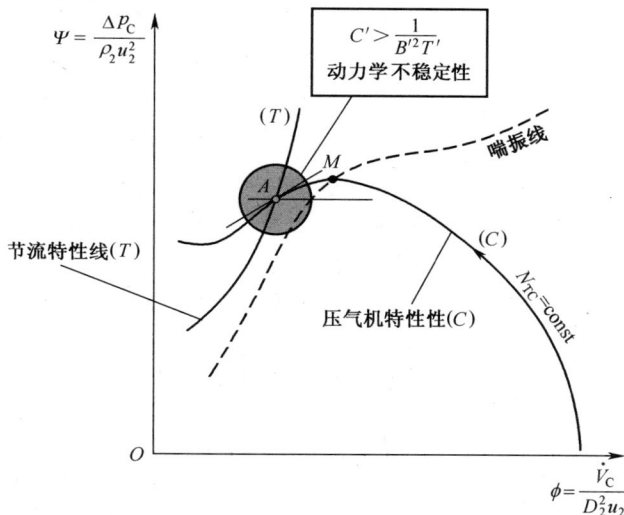

图4.14　运行条件的动态不稳定特性

通常,单位为 m·s 的参数 B' 被转换为 Greitzer 定义的无量纲因子 B[3]:

$$B \equiv B' \cdot \frac{u_2}{2A_P} = \frac{u_2}{2\omega_H L_D}$$

59

$$= \frac{u_2}{2c_P} \sqrt{\frac{V_P}{A_P L_D}} \qquad (4.34)$$

式中　u_2——叶轮出口的圆周速度；

　　　c_P——集气室内的声速。

试验结果表明,当无量纲因子 B 处于 $0.7 \sim 0.8$ 之间时,压气机中出现动态不稳定阈值(深度或中度喘振)。

4.2　不平衡啸叫噪声

4.2.1　不平衡啸叫噪声的产生机理

压气机叶轮和涡轮轴的加工过程中出现初始的不平衡,使得质心偏离压气机叶轮或涡轮轴的几何轴线,导致了作用在转子上的不平衡力。除了加工误差导致的初始不平衡,将压气机叶轮安装到涡轮轴上时,对中不良也会引起额外的转子不平衡,这种对中不良会产生作用于转子的不平衡力矩[4]。过大的不平衡力和力矩会引起较大的振幅,导致轴承磨损、轴承轴颈卡顿,以及压气机、涡轮叶轮和其壳体之间的摩擦接触。此外,转子不平衡会产生频率与转动频率同步的不平衡啸叫噪声(基频同步噪声)。

不平衡力与不平衡度及转速的平方成正比,这是一个作用在涡轮增压器上诱导产生不平衡啸叫噪声的偶极子源。不平衡啸叫噪声是车用涡轮增压器中令人生厌的空气噪声之一,为了减小不平衡啸叫噪声,涡轮增压器转子必须在两个平衡面上做高速动平衡。

车用涡轮增压器有两种转子平衡类型:

(1) 低速平衡(shop balancing):用于平衡最大速度仅为 3400r/min 的刚性转子,基于被平衡的设备类型,降低生产加工过程带来的初始不平衡。通常,在低速平衡阶段整个增压器转子并不平衡,只有压气机叶轮和涡轮轴分别在刚性、低速状态下达到平衡,因此,该平衡方法又称为单部件平衡。低速平衡通常在叶轮前后两个平衡平面中进行,旨在减少不平衡激励,这就避免了转子过度不平衡情况下,由于摩擦接触引起的轴承损伤和轴颈与径向轴承之间的卡顿。

(2) 高速平衡(trim balancing):用于约 200000r/min 高平衡转速下的柔性转子,通常高于第一阶弯曲临界转速。在高转速下,转子叶轮沿径向偏转,导致了额外的静态不平衡。为了便于提高乘用车涡轮增压器的气动声学品质,静态及与安装相关的不平衡在高速平衡时需要被消除。高速平衡同样在两个平衡平面内进行,分别是位于压气机叶轮螺母和靠近叶轮出口的叶片轮毂面。高速平衡的目的是降低乘用车中的不平衡啸叫噪声水平,由于平衡成本的存在,除非客户要求,商用车和工业领域的涡轮增压器通常会忽略高速平衡。

4.2.2 涡轮增压器的不平衡类型

压气机叶轮和涡轮轴(涡轮叶轮和旋转轴)的加工会导致静态、耦合和动态的不平衡量。当极惯性轴和旋转轴的偏心度为 ε 时发生静态不平衡,当极惯性轴与旋转轴偏差为一个不对中角 α 时发生耦合不平衡,但此时两条轴线在质心 G 处相交。

静态不平衡时,由于重力,转子质心总是位于平衡状态旋转轴的下方(图 4.15(a)),这意味着转子会因为其质量而从旋转轴上方任意位置回到平衡位置,因此,该不平衡称为静态不平衡。显而易见,在静止状态下转子自身会回到平衡位置。相反,在耦合不平衡时转子不会回到平衡位置,因为转子质心 G 总是在旋转轴上。转子耦合不平衡只有在旋转情况下才能被识别,如图 4.15(b)所示,尽管此时没有静态不平衡,但转子上作用有不平衡力矩。

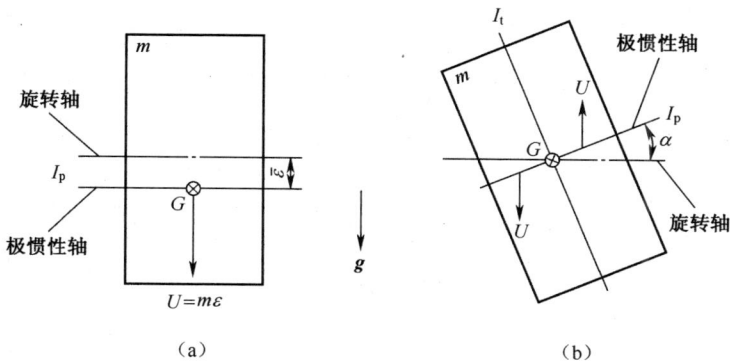

图 4.15 转子静态不平衡和耦合不平衡
(a)转子静态不平衡;(b)转子耦合不平衡。

静态不平衡由生产误差造成,例如转轴与涡轮叶轮焊接处的偏心度大,非均质材料和低速平衡后的残余不平衡等。此外,静态不平衡还会由不平衡变化引起,例如热变形、磨损、转子超速引起的压气机叶轮塑性变形、涡轮叶轮过热、低压废气再循环涡轮中的硬质颗粒对压气机叶轮的影响。耦合不平衡是转轴上焊接涡轮叶轮的不对中角以及不平衡变化引起的,不平衡变化包括转子超速或压气机叶轮紧固螺母松动引起的热变形和塑性变形。事实上,静态不平衡和耦合不平衡通常发生在涡轮轴加工以及压气机叶轮安装到转轴的过程中,这些过程也会引起转子的动态不平衡。

动态不平衡与耦合不平衡类似,但是转子质心 G 并不在旋转轴上(图4.16)。所以,动态平衡可以分解为静态平衡和耦合平衡。事实上,车用涡轮增压器中静态不平衡和动态不平衡都不会单独存在,而是主要发生动态不平衡。在涡轮轴安装过程中,将涡轮叶轮焊接到转轴上时会发生动态不平衡,螺纹的圆周度和制造质量在引起转子动态不平衡时起着关键作用。偏心度 ε 引起静态不平衡,偏心角 α 导致耦合不平衡,如图 4.16 所示,二者的组合就形成动态不平衡。涡轮轴不平衡是生产过程中增压器转子不平衡的最大组分,包括涡轮叶轮本身的初始不平衡、涡轮叶轮焊接到转轴上的偏心度和对中偏移量。

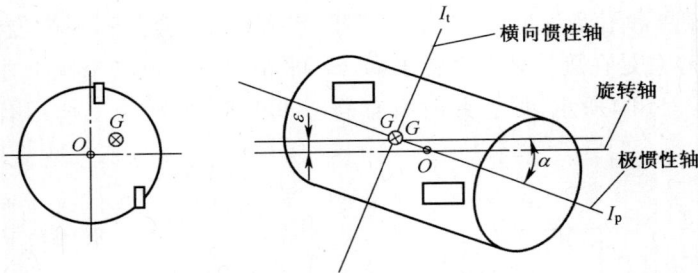

图 4.16 转子动态不平衡

4.2.3 转子不平衡变化

转子在经过长期运行后发生的动态变化视为不平衡变化,压气机和涡轮叶轮的热变形、塑性变形及位置变化是导致不平衡变化的主要原因。根据试验,在经过高速平衡后,最大不平衡变化可达输运加速度响应的100%,所以转子长期变化后的不平衡量几乎是输运加速度响应的 2 倍。由于转轴和涡轮叶轮焊接处的热力学塑性变形、内应力松弛,约三分之一的不平衡变化出现在涡轮轴上;另外三分之二的不平衡变化是由轴向、径向和旋转方向上的压气机叶轮位置变化引起的。压气机叶轮不平衡变化是由涡轮轴离心度、对中不良和旋转位置不当引起的,这主要是叶轮塑性变形、由于超速而在径向上导致的叶轮错位以及因压气机进口处螺母松动使得转轴与叶轮对中不良造成的。

因此,高速平衡时输运加速水平必须被降低至极限加速水平的一半,以降低不平衡啸叫噪声在车内的产生。极限和输运加速度响应的不平衡变化比率必须通过同一车型多个同款涡轮增压器的长时间运行测试才能从统计上确定。如果这个比率选择过大,为了确保较低的输运水平,高速平衡时需要更多的步骤,这会导致生产周期降低、成本增加,且增加切削工具的磨损,所以,大规模生产时需要投入更多的用于平衡检测的设备。反之,若不平衡变化比率选择过小,在长时间运行后,长期变化的转子不平衡量将超出极限加速度水平,由于平衡状态变化,不平衡啸叫噪声将再次出现在车内。

4.2.4　基于影响系数法的高速平衡法

高速平衡方法主要采用影响系数法(Influence Coefficient Method,ICM),这是由 Goodman、Rieger、Lund、Tonnesen、Tessarzik、Badgley 和 Anderson 等人自 1961 年发展起来的方法[5,6]。为了提高车用涡轮增压器的气动噪声品质(NVH),如图 4.17 所示,高速平衡通常在两个平衡平面内进行,分别是位于压气机叶轮螺母处的面 1^* 和靠近叶轮出口的叶片轮毂处的面 2^*。

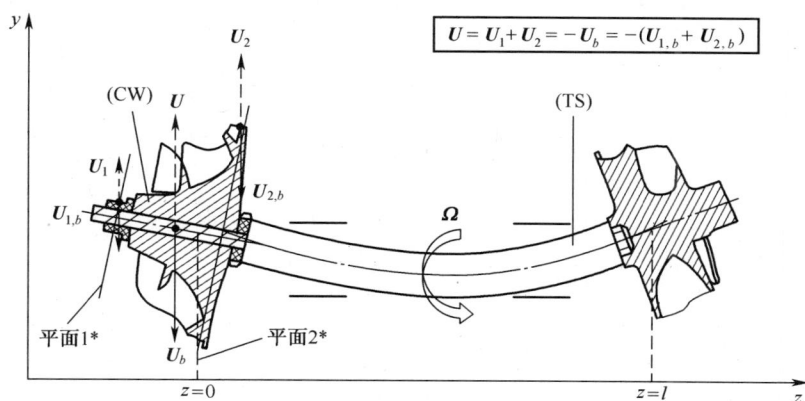

图 4.17　平衡面 1^* 和 2^* 处的 ICM 高速平衡

平衡系统包括涡轮增压器转子和低流量平衡机，高速平衡时的不平衡响应可以通过复传递阻抗和不平衡激励力求得，平衡系统的复传递阻抗 Z 即系统的复动力学刚度系数 K_S 的倒数。需要注意，在高速平衡时，应让涡轮增压器在试验台上尽可能自由振动，而不是将其固定在试验台上。

测量得到的不平衡响应可能是结构表面测得的转子振动速度或加速度。理论上，测量平面必须是压气机叶轮中平衡面 1^* 和 2^* 的相同位置，然而，平衡面高速旋转，在批量生产中，测量旋转平衡面中的某个转子不平衡响应成本太高，因此，实际转子不平衡响应可以根据高速平衡中轴承壳、压气机和涡轮壳体上某个非旋转位置测得的转子响应计算得到，这个非旋转位置必须根据涡轮增压器类型通过试验确定。

由于不平衡啸叫噪声存在，必须在高速平衡中平衡转子。此外，高转速时转子是柔性的，这引起了额外的不平衡量和不平衡力矩。为此，转子应该在高转速下两个平衡面上进行平衡，即位于压气机叶轮螺母处的面 1^* 和靠近叶轮出口的叶片轮毂处的面 2^*。

涡轮叶轮由叶轮进口的喷嘴环推动，在 0.3MPa 绝对压力下，由加压空气驱动的喷嘴环用于将转子加速到约 200000r/min 的平衡速度，加压空气能量在喷嘴环中被转化为动能，并以声速喷流作用在涡轮叶轮上。

通过将转子振幅对时间两次微分，可以得到高速平衡中测得的加速度幅值：

$$|a| = |\ddot{y}(t)| = \mathit{\Omega}^2|y(t)| \propto N^2|y(t)| \tag{4.35}$$

需要注意的是，测得的加速度幅值不仅与转子幅值成正比，还与转子速度的平方成正比。如图 4.18 所示，虽然它并不能准确地描述转子幅值特性，但速度平方 N^2 对测得的加速度产生了强烈影响。如 5.5 节所述，典型的线性响应在非线性转子动力学中并不存在，而是在每个转速下只出现在转子响应的有限循环中。在转子速度范围内，不平衡幅值（基频）与异步振幅相比都较小，根据式（4.35），虽然转子加速度幅值低于转子共振幅值，但高转速（介于 N_{II} 和 N_{max} 的 N）下的加速幅值会高于准共振状态的加速度幅值。所以，径向轴承由高速平衡引起的摩擦接触导致的故障出现在一阶准共振状态下，而不是高转速时的最大加速度振幅下。图 4.18 和表 4.1 给出了 ICM 高速平衡过程中转子加速响应的输运和极限加速水平。

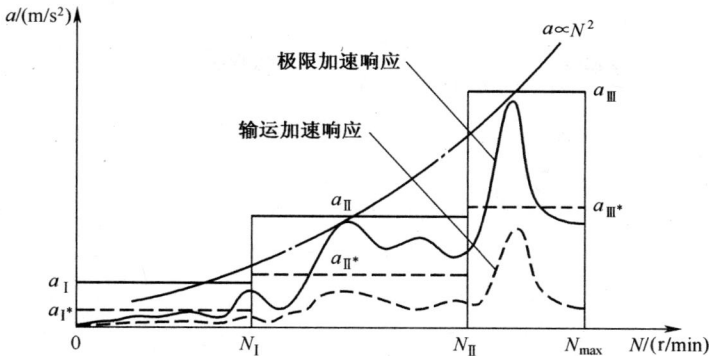

图 4.18　ICM 高速平衡时极限和输运加速水平

表 4.1　平衡速度范围内的输运和极限加速水平

平衡速度范围 $N/(\text{r/min})$	输运加速水平 $a^*/(\text{m/s}^2)$	极限加速水平 $a/(\text{m/s}^2)$
$0<N<N_{\text{I}}$	$a_{\text{I}*}<a_{\text{I}}$	a_{I}
$N_{\text{I}}\leqslant N<N_{\text{II}}$	$a_{\text{II}*}<a_{\text{II}}$	a_{II}
$N_{\text{II}}\leqslant N<N_{\text{max}}$	$a_{\text{III}*}<a_{\text{III}}$	a_{III}

4.3　油膜涡动噪声

车用涡轮增压器径向轴承中内油膜涡动导致了油膜涡动噪声(constont tone(howling)),其频率范围是人耳可听的 600~1000Hz。在旋转浮环轴承中,内油膜涡动频率阶次随转速增加从 0.4 倍频降至 0.3 倍频,所以,内油膜涡动频率相比于转子频率,只在 600~1000Hz 之间的较小频率范围内变化,这个频率在车用涡轮增压器速度范围内被认为是准恒定(quasi-constant)的。油膜涡动噪声主要出现在发动机转速 1500~3000r/min 时,对应于中、高载荷下的第二挡至第五挡。

内油膜涡动是由油润滑轴承的非线性特性引起的,这是一个频率低于转子频率的次同步振动响应。在准稳定过程中,只要轴承中的阻尼力大于由轴承耦合刚度系数引起的失稳力,轴颈涡动幅值就维持在较小值,此时,油膜涡动噪声在车内是听不到的。随着转速增加,当失稳力超过阻尼力时,轴颈开始在轴承油膜中涡动,这导致了可产生油膜涡动噪声的自激不稳定性(次同步内油膜涡动)。相反,外油膜涡动由于其低频特性而不产生任何噪声。需要注意,噪声的强度与频率平方成正比,由于外油膜涡动频率与内油膜涡动频率相比偏低,所以其声强可以忽略,因此,尽管外油膜涡动幅值远大于内油膜涡动,但在车内听不到外油膜涡动产生的噪声。油膜涡动噪声会在第 6 章进一步深入探讨,将分析两类油膜轴承中油膜涡动噪声和转子动力学之间的相互关系。

4.4 滚动轴承高次谐波噪声

对于滚动轴承,由于滚珠与座圈之间的间隙很小,因此滚珠轴承没有内在阻尼力(图 4.20),需要额外的阻尼来抑制共振时的转子振幅响应、降低空气噪声(包括不平衡啸叫噪声和其他由滚珠轴承导致的气动噪声)。在这种情况下,使用滚珠和滚子轴承的车用涡轮增压器在外圈处需要挤压油膜阻尼。与油润滑轴承相反,滚动轴承不产生内油膜涡动,所以不可能出现油膜涡动噪声。然而,如图 4.19 所示,除了不平衡啸叫噪声(基频),滚动轴承还产生具有多个频率谐次如 2 倍频、3 倍频和 4 倍频等的振动(基频定义由转速和转子个数决定),以及调制边带频率的振动。

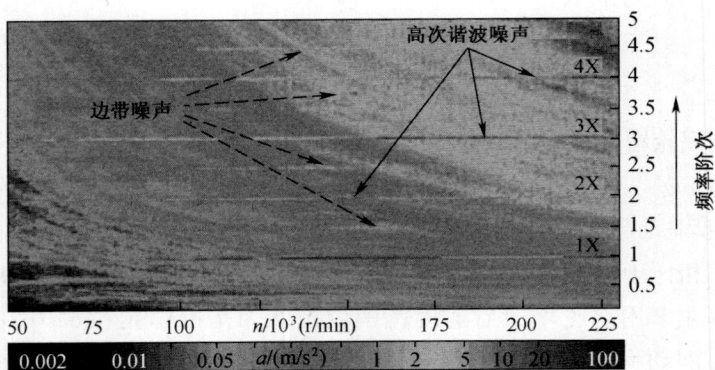

图 4.19 带滚珠轴承涡轮增压器噪声谱(由 BMTS 提供)

高次谐波噪声和边带噪声是由轴承室中轴承保持架安装不当引起的[4],由于轴承保持架和轴承壳之间的油膜阻尼不合理,所以在多个谐波频率处出现高次谐波噪声。油膜阻尼较小时,不足以抑制增压器噪声,因此噪声通过轴承室传播。高次谐波噪声是在油膜阻尼较大时出现的,所以应该深入研究轴承室内油膜阻尼的机理,以改善使用滚动轴承的车用涡轮增压器噪声特性。

4.5　磨损噪声

滚动轴承中的磨损缺陷,例如内圈和外圈缺陷、保持架和滚动体(滚珠或滚子)会产生具有异步高频阶次和因频率调制而出现的不同类型边带频率的噪声,这些磨损噪声频率称为轴承缺陷相关频率[4]。

图 4.20 显示了滚珠轴承的关键元件和结构,直径 d 的滚珠置于保持架中,中径 D_p 定义为两个相对滚珠中心的最大直径距离,接触角是转轴的垂线和滚珠直径在外圈接触点上的角度,内圈被固定在轴上并以转速 N 旋转,外圈则安装在由阻尼油膜支撑的保持架上。

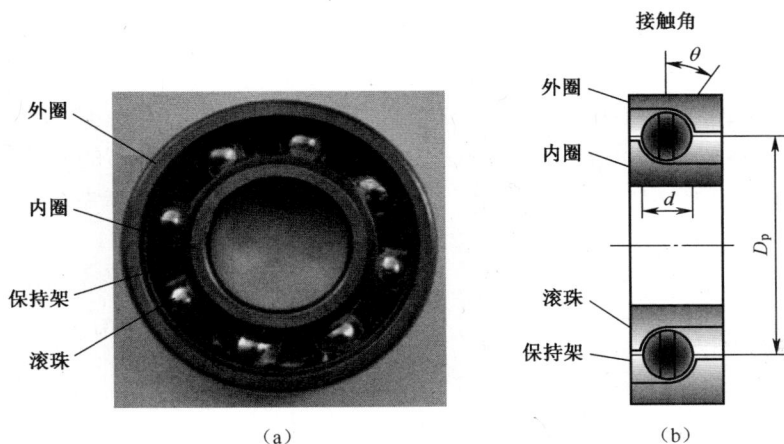

（a）　　　　　　　　　　　（b）

图 4.20　角接触滚珠轴承关键元件

轴承缺陷产生的相关频率可以由轴承几何形状、滚珠个数和转速求出[2,7]。

保持架缺陷频率(ftf)是由保持架缺陷引起的,取决于转速 N (r/s),可表示为

$$\text{ftf} = \frac{N}{2}\left(1 - \frac{d}{D_p}\cos\theta\right) \tag{4.36}$$

内圈缺陷通过频率(bpfi)是当 Z 个滚珠或滚子通过有缺陷的内圈时产

生的,可表示为

$$\text{bpfi} = Z\frac{N}{2}\left(1 + \frac{d}{D_\text{p}}\cos\theta\right) \tag{4.37}$$

外圈缺陷通过频率(bpfo)是当 Z 个滚珠或滚子通过有缺陷的外圈时产生的,可表示为

$$\text{bpfo} = Z\frac{N}{2}\left(1 - \frac{d}{D_\text{p}}\cos\theta\right) \tag{4.38}$$

二次滚珠自旋频率(2bsf)是由在内、外圈上自旋的有缺陷的滚珠或滚子引起的,可表示为

$$2\text{bsf} = Z\frac{D_\text{p}}{d}\left(1 - \left(\frac{d}{D_\text{p}}\right)^2\cos^2\theta\right) \tag{4.39}$$

式中　　d——滚珠或滚子直径;

D_p——轴承中径;

θ——滚动元件接触角;

Z——滚动元件个数;

N——转速(r/s)。

图 4.21 显示了轴承缺陷相关频率,该滚珠轴承中径 $D_\text{p} = 12.2\text{mm}$、接触角 $\theta = 45°$、包含 8 个 $d = 3.2\text{mm}$ 的滚珠。由轴承缺陷导致的频率 bpfi、2bsf 和 bpfo 都是超同步频率(f 大于基频),而 ftf 是次同步频率(f 小于基频)。

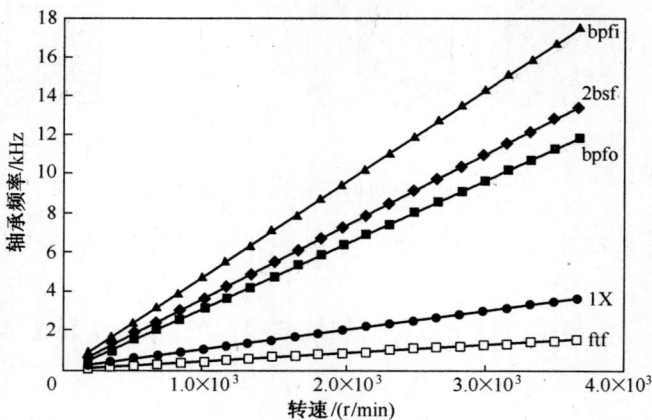

图 4.21　轴承缺陷相关频率[4]

参 考 文 献

［1］Cumpsty, N. A.: Compressor aerodynamics. Krieger Publishing Company, Malabar (2004).

［2］Ehrich, F.: Handbook of rotordynamics. Krieger Publishing Company, Malabar (2004).

［3］Greitzer, E. M.: The stability of pumping systems—the 1980 Freeman scholar lecture. J. Fluids. Eng. **103**, 193-242 (1981).

［4］Nguyen-Schäfer, H.: Rotordynamics of automotive turbochargers. Springer, Berlin-Heidelberg (2012).

［5］Rieger, N. F.: Rotordynamics 2—problems in turbomachinery. CISM courses and lectures no 297. Springer, Wien, New York (1988).

［6］Rieger, N. F.: Balancing of rigid and flexible rotors. U. S. DoD, Washington (1986).

［7］Taylor, J., Kirkland, D. W.: The bearing analysis handbook. Vibration Consultants Inc., Tampa (2004).

［8］Whitfield, A., Baines, N. C.: Design of radial turbomachines. Pearson Education, Longman Scientific and Technical, Harlow (1990).

第5章
涡轮增压器的非线性转子动力学

5.1 转子振动方程

图 5.1 显示了安装在轴承室和转子系统(CHRA)内的涡轮增压器转子,包括转轴、压气机叶轮、涡轮叶轮、旋转浮环轴承(RFRB)、密封圈和推力轴承。在瀑布图中的频率分量、相平面图中的转子轨迹和时域图中的振幅等转子振动响应研究中,所有转子部件都必须在转子动力学计算中考虑到。

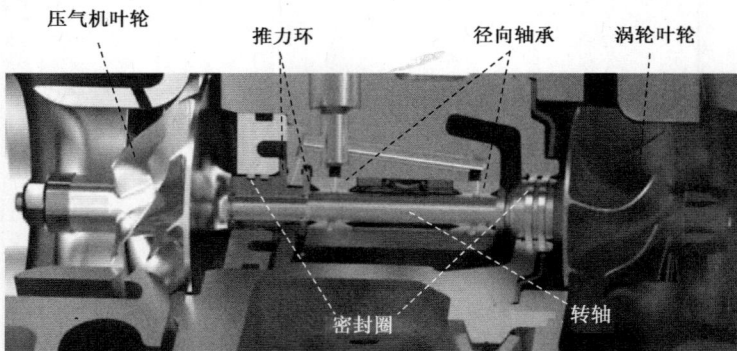

图 5.1 车用涡轮增压器转子组成(由 BMTS 提供)

通常使用有限元法(FEM)和传递矩阵法(TMM)来离散连续体的转子振动方程。有限元法是一种连续体转子结构的离散方法,该方法基于达朗贝尔原理,通过所有转子部件的虚功之和为零建立方程。通过离散连续体转子振动方程,可以将连续体转子划分为有限个单元模型,包括集中质量、圆柱单元、圆盘、转子和轴承之间连接的密封圈等,因此,可以推导转子振动方程式(5.1),并写成离散矩阵形式。另一种替代方法是 Myklestad 和 Prohl 发展的传递矩阵法,转子的第一个单元和最后一个单元通过总传递矩阵连接,该矩阵包括第一个单元和最后一个单元之间所有单元的传递矩阵。相比于有限元法,传递矩阵法最大的优点是节省了工作内存。

如图 5.1 所示,具有 N 个自由度(DOF)的转子振动方程可以写成离散矩阵方程形式:

$$M\ddot{x} + C_{SG}\dot{x} + K_S x = f(t) \tag{5.1}$$

式中　M —— $N \times N$ 的含有转子质量和惯量的质量矩阵;

　　　C_{SG} —— $N \times N$ 的转子阻尼系数和陀螺矩阵;

　　　K_S —— $N \times N$ 的含有对角、耦合刚度系数的刚度矩阵;

　　　x —— $N \times 1$ 的转子振动响应矢量,每个单元节点包括两个平动和两个转动自由度;

　　　$f(t)$ —— $N \times 1$ 的不平衡力、力矩和非线性轴承力矢量。

为了将二阶方程降低为一阶,振动响应 z 的 $(2N \times 1)$ 阶矢量定义为

$$z \equiv \begin{bmatrix} x \\ y \end{bmatrix} = \begin{bmatrix} x \\ \dot{x} \end{bmatrix} \Rightarrow \dot{z} = \begin{bmatrix} y \\ \dot{y} \end{bmatrix} = \begin{bmatrix} \dot{x} \\ \ddot{x} \end{bmatrix} \tag{5.2}$$

式中

$$y \equiv \dot{x}, \dot{y} \equiv \ddot{x}$$

将矢量 $z(t)$ 代入式(5.1),关于 z 的 $2N$ 个一阶振动方程可以表示为

$$\begin{bmatrix} \dot{x} \\ \ddot{x} \end{bmatrix} = \begin{bmatrix} 0 & I \\ -M^{-1}K_s & -M^{-1}C_{SG} \end{bmatrix} \cdot \begin{bmatrix} x \\ \dot{x} \end{bmatrix} + \begin{bmatrix} 0 \\ M^{-1}[U(\Omega,t)] + F_B(x,\dot{x},t) \end{bmatrix}$$

$$\Leftrightarrow \dot{z} = \begin{bmatrix} 0 & I \\ -M^{-1}K_s & -M^{-1}C_{SG} \end{bmatrix} \cdot z + \begin{bmatrix} 0 \\ M^{-1}[U(\Omega,t)] + F_B(x,\dot{x},t) \end{bmatrix}$$

$$\tag{5.3}$$

式中　U —— 不平衡力和力矩;

　　　F_B —— 非线性轴承力,由阻抗法求解由式(5.10)给出的两相雷诺方程(考虑气穴)得到。

耦合非线性振动方程式(5.3)可以写成 z 的矩阵形式

$$\dot{z} = Az + b(z,\Omega,t) \tag{5.4a}$$

式中　A —— $2N \times 2N$ 的转子质量、惯性矩、刚度和陀螺效应矩阵;

　　　b —— $2N \times 1$ 的不平衡和非线性轴承力的外力矢量。

且有

$$A = \begin{bmatrix} \mathbf{0} & \mathbf{I} \\ -\boldsymbol{M}^{-1}\boldsymbol{K}_{\mathrm{S}} & -\boldsymbol{M}^{-1}\boldsymbol{C}_{\mathrm{SG}} \end{bmatrix} \tag{5.4b}$$

$$\boldsymbol{b}(z,\Omega,t) = \begin{bmatrix} \mathbf{0} \\ \boldsymbol{M}^{-1}[\,\boldsymbol{U}(\Omega)\,] + \boldsymbol{F}_{\mathrm{B}}(z,t) \end{bmatrix} \tag{5.4c}$$

包含矩阵 $\boldsymbol{M}$、$\boldsymbol{K}_{\mathrm{S}}$ 和 $\boldsymbol{C}_{\mathrm{SG}}$ 的矩阵 $\boldsymbol{A}$ 显然是非对称的(即 $\boldsymbol{A} \neq \boldsymbol{A}^{\mathrm{T}}$,其中 $\boldsymbol{A}^{\mathrm{T}}$ 是 $\boldsymbol{A}$ 的转置矩阵),因此,双峰法[1]用于求解 z 的一阶非线性矩阵方程,该方程包括具有 N 个自由度、形式为 $(2N \times 2N)$ 的矩阵 $\boldsymbol{A}$。

5.2 两相雷诺方程

图 5.2 显示了轴承间隙内的两相油液模型,其中油混合物体积 V_{mix} 包括气泡体积 V_{B} 和纯油液体积 V_{liq}。 显然可得 $V_{\mathrm{mix}} = V_{\mathrm{B}} + V_{\mathrm{liq}}$。

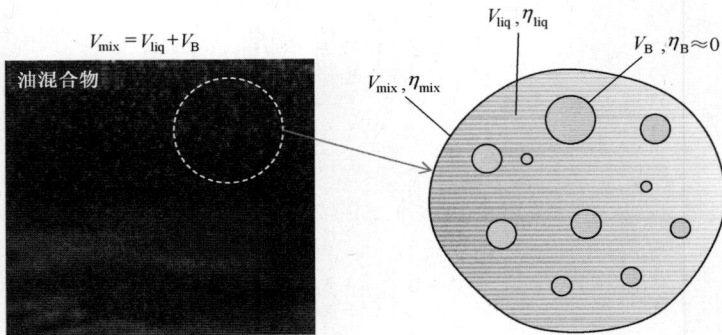

图 5.2 两相油液混合模型

根据文献[2],等效黏度可以由油液黏度和气泡分数计算得到

$$\eta_{\mathrm{mix}} = \eta_{\mathrm{liq}}\left(\frac{1}{1+r}\right) = \eta_{\mathrm{liq}}\theta \tag{5.5}$$

式中 $r = \dfrac{V_{\mathrm{B}}}{V_{\mathrm{liq}}}$——油液的气泡分数。

油液填充比是由纯油液与油液混合物体积之比定义的,并可以用气泡分数 r 来表示,即

$$\theta \equiv \frac{V_{\mathrm{liq}}}{V_{\mathrm{mix}}} = \frac{V_{\mathrm{liq}}}{V_{\mathrm{liq}} + V_{\mathrm{B}}} = \frac{1}{1+r} \tag{5.6}$$

类似地,油液混合物密度是由纯油液密度和油液填充比计算得到

$$\rho_{\text{mix}} = \frac{m_{\text{mix}}}{V_{\text{mix}}} \approx \frac{m_{\text{liq}}}{V_{\text{liq}} + V_{\text{B}}} = \frac{m_{\text{liq}}}{V_{\text{liq}}(1 + V_{\text{B}}/V_{\text{liq}})}$$

$$= \rho_{\text{liq}}\left(\frac{1}{1 + r}\right) = \rho_{\text{liq}}\theta \tag{5.7}$$

式(5.5)和式(5.7)给出的动力学黏度和密度只取决于气泡分数而不受溶解在油液中的气体影响。

油液填充比有两种情况:一种是 $\theta = 1$,即润滑油填充整个间隙,没有气穴出现;另一种是 $\theta = 0$,即由于空气逸散和空穴现象导致在油液条件下出现100%气相的状态,即无油状态。然而,在绝大多数应用情况下,油液填充比处于0~1之间($0 < \theta \leqslant 1$)。通过使用亨利-道尔顿(Henry-Dalton)定律和波义耳-马略特(Boyle-Mariotte)定律,可以通过下式计算得到 T 和 p 时的气泡分数:

$$r \equiv \frac{V_{\text{B}}}{V_{\text{liq}}} = r_0\left(\frac{Tp_0}{T_0 p}\right) - a_v\left(1 - \frac{Tp_0}{T_0 p}\right)$$

$$= (r_0 + a_v)\left(\frac{Tp_0}{T_0 p}\right) - a_v \tag{5.8}$$

式中　a_v ——最高 30MPa 下车用矿物油的本生系数,可选范围在 0.08 ~ 0.09 之间,由 ISO-VG 32-220 确定,本生系数是在气体局部压力 101.3kPa 的平衡条件下,由每单位油液体积中的最大气体溶解体积定义的;

　　r_0 ——轴承入口处油液的初始气泡分数;

　　T 、p ——运行条件下油膜中的油液温度和压力;

　　T_0 、p_0 ——环境或入口处的油温和油压。

将式(5.8)代入式(5.6)可以得到油液填充比:

$$0 < \theta \equiv \frac{V_{\text{liq}}}{V_{\text{mix}}} = \frac{1}{1 - a_v + (r_0 + a_v)\left(\dfrac{Tp_0}{T_0 p}\right)} \leqslant 1 \tag{5.9}$$

两相润滑雷诺方程为

$$\frac{\partial}{\partial x}\left(\frac{\rho_{\text{liq}}h^3}{\eta_{\text{liq}}}\frac{\partial p}{\partial x}\right) + \frac{\partial}{\partial z}\left(\frac{\rho_{\text{liq}}h^3}{\eta_{\text{liq}}}\frac{\partial p}{\partial z}\right) = 6\left[(U_r + U_b)\frac{\partial}{\partial x}(\rho_{\text{liq}}\theta h) + 2\frac{\partial}{\partial t}(\rho_{\text{liq}}\theta h)\right]$$

$$\tag{5.10}$$

式中　$p(x,z)$ ——轴承间隙中的油膜压力;

　　$\eta_{\text{liq}}(T)$ ——通过卡梅伦-沃格尔(Cameron-Vogel)方程[4]计算得到

的油液黏度；

U_r、U_b ——转子和轴承环的圆周速度；

$h(x)$ ——轴承间隙中的油膜厚度；

θ ——式(5.9)给出的油液填充比。

5.3 非线性轴承力

轴承力 F_r 和 F_t 定义在固定于轴颈(轴承内侧的轴)上的旋转坐标系 (r,t) 内,事实上,在转子动力学振动方程中需要的是惯性坐标 (X_1,X_2) 中的轴承力,因此,需要进行从旋转坐标系到惯性坐标系的转换(图5.3),以便于计算惯性坐标系 (X_1,X_2) 下的轴承力。

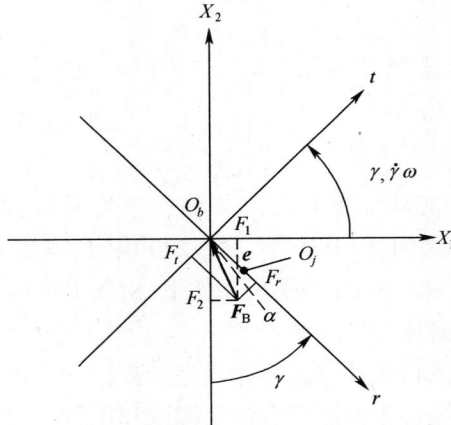

图 5.3 轴承力分量的坐标转换

作用在轴颈上,与轴颈力 $\boldsymbol{F}_J$ 相反的轴承力 $\boldsymbol{F}_B$ 的径向和切向分力,是式(5.10)所示的油膜压力 $p(\xi,z)$ 在轴颈表面的积分。

$$\boldsymbol{F}_B = \begin{bmatrix} F_r = \int_0^L R \int_0^{2\pi} p(\xi,z)\cos\xi\,\mathrm{d}\xi \times \mathrm{d}z \\ F_t = \int_0^L R \int_0^{2\pi} p(\xi,z)\sin\xi\,\mathrm{d}\xi \times \mathrm{d}z \end{bmatrix} = -\boldsymbol{F}_J \qquad (5.11)$$

式中 L ——内轴承宽度；

R ——轴颈或轴半径；

ξ ——周向角坐标,其中 $x = R\xi$ (图5.4)。

式(5.11)中的非线性轴承力转换到惯性坐标系 (X_1,X_2) 中可写为

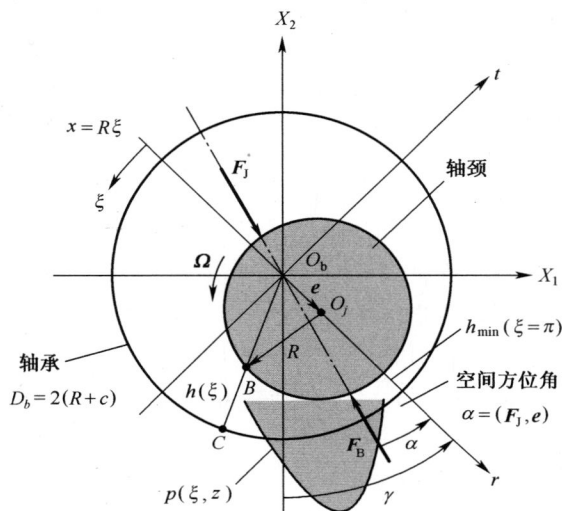

图 5.4　轴承力特性

$$\boldsymbol{F}_{\mathrm{B}} = \begin{pmatrix} \boldsymbol{F}_1 \\ \boldsymbol{F}_2 \end{pmatrix} = \begin{pmatrix} \sin\gamma & \cos\gamma \\ -\cos\gamma & \sin\gamma \end{pmatrix} \begin{pmatrix} \boldsymbol{F}_r \\ \boldsymbol{F}_t \end{pmatrix} \tag{5.12}$$

式中　F_1、F_2——惯性坐标 X_1 和 X_2 上的横向和纵向分力；

　　　F_r、F_t——旋转坐标 r 和 t 上的径向和切向分力；

　　　将非线性轴承分力表示在惯性坐标系中，有

$$\begin{cases} \boldsymbol{F}_1 = +\boldsymbol{F}_r\sin\gamma + \boldsymbol{F}_t\cos\gamma \equiv f_1(\varepsilon,\dot{\varepsilon},\gamma,\dot{\gamma},\boldsymbol{\Omega}) \\ \boldsymbol{F}_2 = -\boldsymbol{F}_r\cos\gamma + \boldsymbol{F}_t\sin\gamma \equiv f_2(\varepsilon,\dot{\varepsilon},\gamma,\dot{\gamma},\boldsymbol{\Omega}) \end{cases} \tag{5.13}$$

式中　γ——轴颈的偏位角；

　　　ε——轴颈偏心率（$\varepsilon = e/c$，c 为轴承间隙）；

　　　c——轴承间隙；

　　　α——方位角；

　　　$\boldsymbol{\Omega}$——转速。

5.4　非线性转子动力学的边界条件

下述章节中，以使用两个独立旋转浮环轴承的典型车用涡轮增压器为

75

例进行了非线性转子动力学计算,计算程序为 Madyn 2000[5],该程序基于高转速涡轮增压器非线性转子动力学的拓展模块开发[4]:

(1) 加速模拟至最高转速;

(2) 转子响应的瞬态特性;

(3) 柔性转子的陀螺效应;

(4) 轴承间隙中油膜的两相流[2,3,6];

(5) 作用于转子的不平衡力和力矩;

(6) 密封圈的阻尼效应;

(7) 旋转浮环轴承的非线性轴承力;

(8) 同步和异步振动响应;

(9) 具有可变环速比的旋转浮环轴承;

(10) 轴承环速比计算;

(11) 轴承间隙的诱导油温;

(12) 轴向油膜的热对流;

(13) 径向油膜的热传导;

(14) 不同种类的润滑油(SAE 0W30、5W30、10W40、15W40);

(15) 润滑油的不同温度和压力。

用于计算的乘用车涡轮增压器转子包括压气机和涡轮叶轮、旋转轴、推力轴承、密封圈和旋转浮环轴承。可以将转子部件,如压气机和涡轮叶轮、旋转轴及径向轴承分别离散为有限个集中质量单元、圆盘与圆柱单元、轴承和密封环之间的相交面(图5.5),单元由通过交界面上的共用节点相连。求解双油膜轴承的两相雷诺润滑方程,可以得到轴承力计算中所需要的轴承力阻抗表,轴承间隙中的非线性轴承力可以通过轴承中心位置 (ε, γ) 的轴

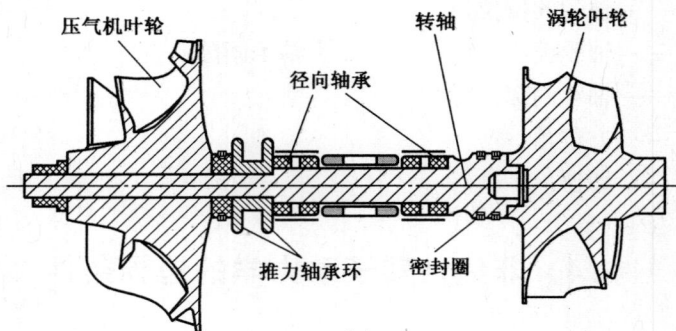

(a)

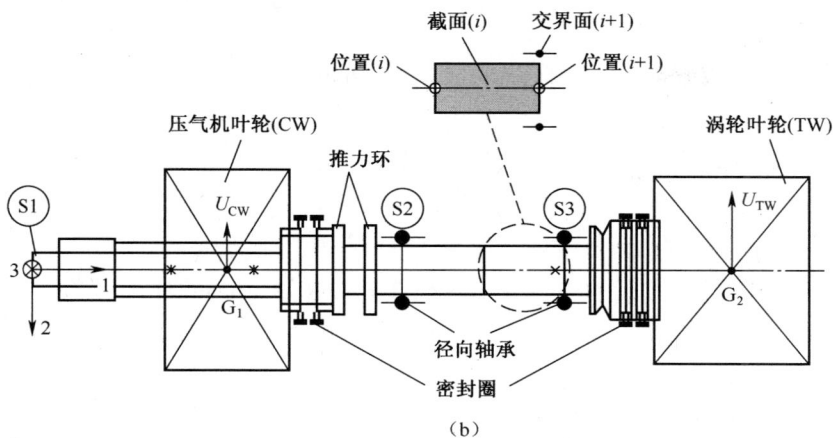

图 5.5　用于计算的转子模型及其有限元模型[4]

承特性线性插值和阻抗表中索末菲(Sommerfeld)数 So，由相应的轴承刚度和阻尼系数计算得到。非线性轴承力包含两个分量，分别为旋转力和阻尼力，由转速 Ω 引起的旋转力取决于轴承力角度 α 和 $So(\eta,\varepsilon,\gamma)$，轴颈速度 $\dot{\varepsilon}$、$\dot{\gamma}$ 引起的阻尼力取决于文献[4]给出的 η、ε、γ、$\dot{\varepsilon}$、$\dot{\gamma}$。

5.5　涡轮增压器计算结果

通过阻抗法，基于 So 在每一个迭代步计算作用在轴颈上的非线性轴承力，式(5.3)给出了转子耦合非线性振动方程，将式(5.11)和式(5.13)给出的非线性轴承力代入式(5.3)的右侧，通过双峰法[1]可将耦合非线性振动方程解耦成独立的非线性振动方程，然后在每个迭代步通过高阶龙格-库塔方法解得振动响应。

使用快速傅里叶变换(FFT)中的离散傅里叶变换(DFT)可以将振动响应显示在频谱图(瀑布图)中。如图 5.5 所示，在模拟计算过程中，可以算出位于压气机进口的 S1 节点处的转子轨迹和位于径向轴承轴颈位置的 S2、S3 两节点处的轴颈轨迹。

两侧的两个旋转浮环轴承和两个密封圈支撑着质量约 150g 的转子，包括直径 7mm 的旋转轴、压气机叶轮、涡轮轴和推力轴承。轴承内部的间隙初始值约为 3×10^{-3}mm，由于内外油膜之间的温差、轴承环的离心力和轴承环径向的扩张，轴承相对间隙在运转过程中最大可达 4×10^{-3}mm，外轴承间隙与内轴承间隙的比值在 3~4 之间变化。最大的转速被限制在约 225000 r/min($\Omega = 3750Hz$)。

压气机叶轮和涡轮轴分别有约 0.1g·mm(动平衡单位,即在每毫米长的直径尺寸上允许的最大残余不平衡量)和 0.2g·mm 的残余不平衡量,若选用润滑油 SAE 5W30 用于加速过程计算,根据卡梅伦-沃格尔方程,滑油的动力学黏度在每个迭代步内将随着有效油膜温度变化,本书在相对压力为 0.3MPa、S2 和 S3 处油温分别为 90℃和 100℃的情况下给出了进口处的滑油状态。

在配有 3GHz 双核 AMD Opteron 处理器和 8GB 内存的计算机上进行加速过程计算大约需要 20 个 CPU 小时,这个计算时间相对较短,如果在每个迭代步都求解瞬时雷诺方程,则需要数周的 CPU 时间。

加速过程计算中,在 S2 和 S3 位置处分析了柔性转子的振动模态,图 5.6 给出了转子在不同转速下的振动模态。在低转速时,转子振动为圆锥模

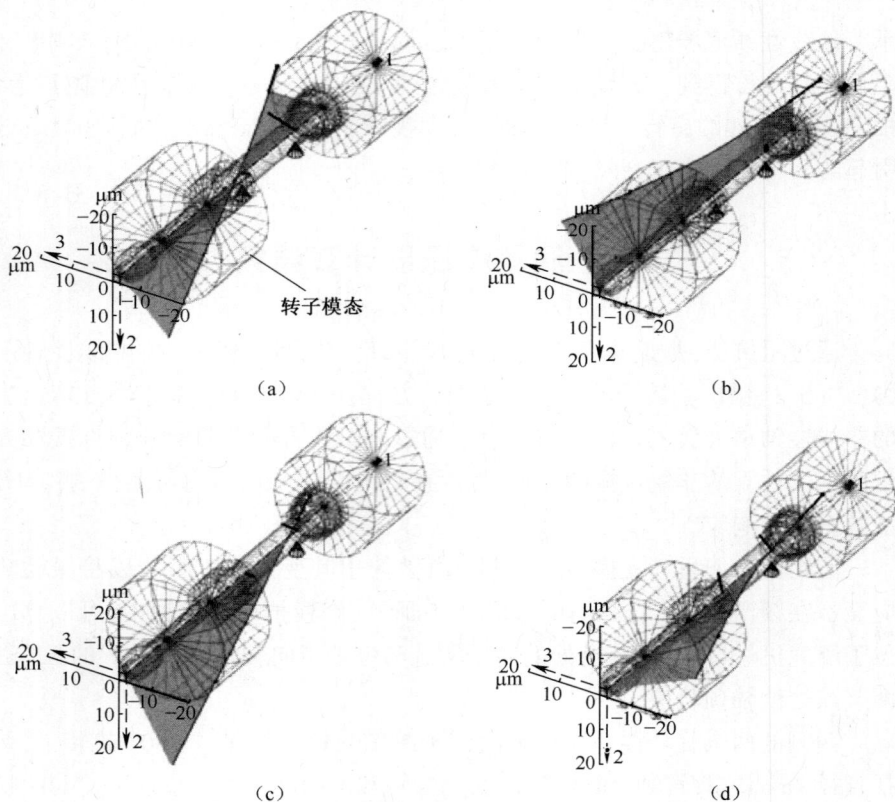

图 5.6　涡轮增压器转子振动模态[4]

(a)圆锥模态(80000r/min);(b)圆柱模态(135000r/min);(c)圆柱模态(170000r/min);(d)圆柱模态(225000r/min)。

态,随着转速从约 81000r/min(36%最大转速)增加到 135000r/min(60%最大转速),转子振动由圆锥模态变为圆柱模态。

在 45000r/min 的低转速时,S2 和 S3 处的转子轨迹不同心(图 5.7),即转子在低转速时仍旧是刚性的,因此其振动模态为圆锥模态。对于 81000 r/min以上的高转速,轴承刚度和阻尼系数增加,转子振动的圆锥模态趋于向圆柱模态转变,图 5.7 显示自 60%转速至最大转速的区间内 S2 和 S3 处的转子轨迹几乎同心。

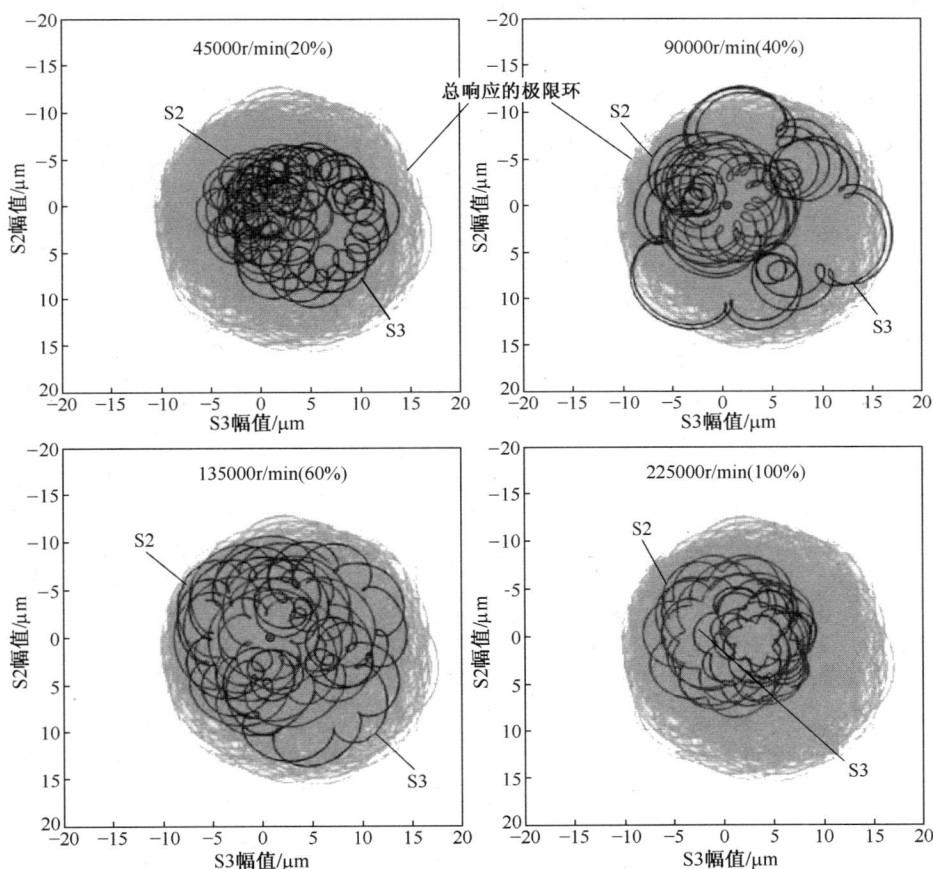

图 5.7　S2 和 S3 处的轴颈轨迹[4]

S2 和 S3 处的转子响应的极限环在 135000r/min 时有约 25μm 的峰-峰值振幅,该振幅在最大转速 225000r/min 时降为约 15μm。在整个转子转速范围内,不平衡振幅(基频)相比于内油膜涡动和外油膜涡动的异步振幅是一个小量。

事实上,由不平衡引起的典型共振在非线性转子动力学中是不存在的 (图5.8、图5.9(a)和图5.9(b)),在每个转速下只有转子响应的极限环发生,原因就是有效转子刚度系数不仅仅取决于轴本身的刚度系数,还取决于轴承的刚度系数。转子等效刚度系数称为非同步复动刚度,取决于有效油压、油温、转速、轴承环速度和轴颈偏心度。在转子偏移较大时,轴承间隙中的轴颈偏心度增加,轴承油膜厚度减小,并产生较大的轴承力,因此,轴承刚度和阻尼系数随着转子偏移增加,直到每个转子下轴颈轨迹在极限环的Hopf分歧点后稳定[4]。在这种情况下,如瀑布图(图5.8)所示,在整个转子转速范围内没有线性转子动力学中的典型共振发生。

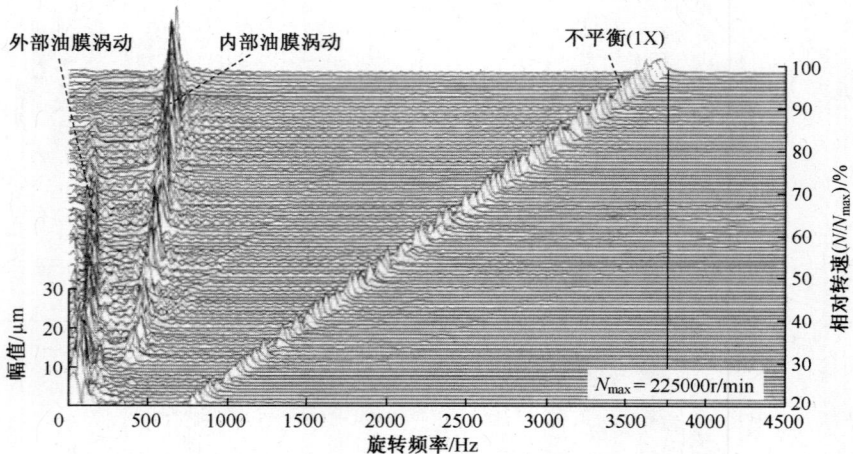

图5.8　S1处的轴颈振动瀑布图[4]

实际上,绘制出的瀑布图都是二维图(修正的瀑布图),如图5.9所示,振动幅值都是在频率阶谱中以彩色或灰度显示。在修正的瀑布图中,使用了频率阶数 ω/Ω 和转子速度 Ω 而不是涡动频率 ω,它的优点是可以更容易地分析各转速下同步和异步振动的频率阶次谱。内油膜涡动的频率跃升发生在约30%最大转速处,在此频率处圆锥形振动模态转变成圆柱振动模态。

图5.9(a)和图5.9(b)显示了瀑布图形式的转子动力学计算和试验结果对比。与试验结果相比,计算得到的内油膜涡动出现在约30%最大转速(67500r/min),较试验测得的27%(62000r/min)最大转速滞后一些。计算得到的内油膜涡动的频率阶次从大约0.4倍基频的较低频率阶次开始,而对应的试验结果则是从0.55倍基频开始;计算得到的终止频率与试验结果基

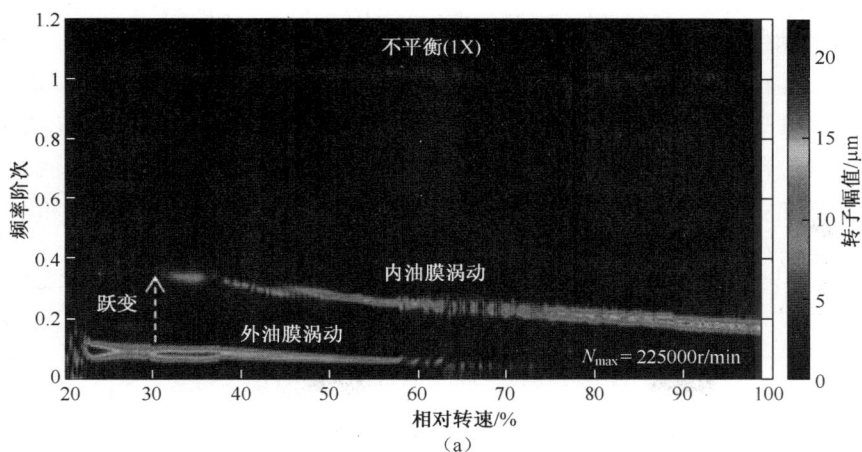

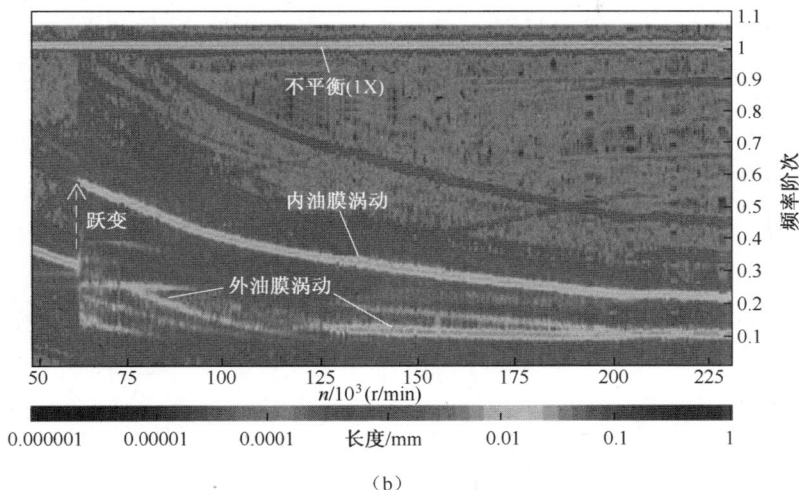

图 5.9　S1 处的轴颈振动瀑布图[4]

(a)计算;(b)试验。

本一致,均在 0.2 倍基频频率阶次。试验得到的比仿真更高的轴承环速度产生了低频率阶次的内油膜涡动,这是因为在仿真计算中并未考虑由轴承壳体传递到轴承外油膜的未知热流,因此,与计算相比,试验中外油膜温度增加,导致试验得到的轴承环速比增加,产生了高频次的内油膜涡动。

　　事实上,在测量中进行高速平衡后,压气机和涡轮的残余不平衡矢量方向是未知的。由于该原因,计算中的残余不平衡量结果可能偏小,因此,内油膜涡动的频率跃升发生在略滞后于试验测得转速 62000r/min 的

67500r/min 处。类似地,由于轴承环速度较小,尤其在低转速时,使得外油膜涡动的计算频率阶次也要比试验测得结果略小。

在旋转浮环轴承中,每个转速下轴颈相对于轴承环运动,如轴颈的运动在径向推动了轴承环。事实上,在旋转过程中很难测量轴颈和轴承环之间的相对位移,因此,转子动力学计算是一个确定任意转速下旋转浮环轴承相对位移和实时油膜厚度的有效工具。图 5.10 显示了不同转速时轴颈和轴承环的相对位移。

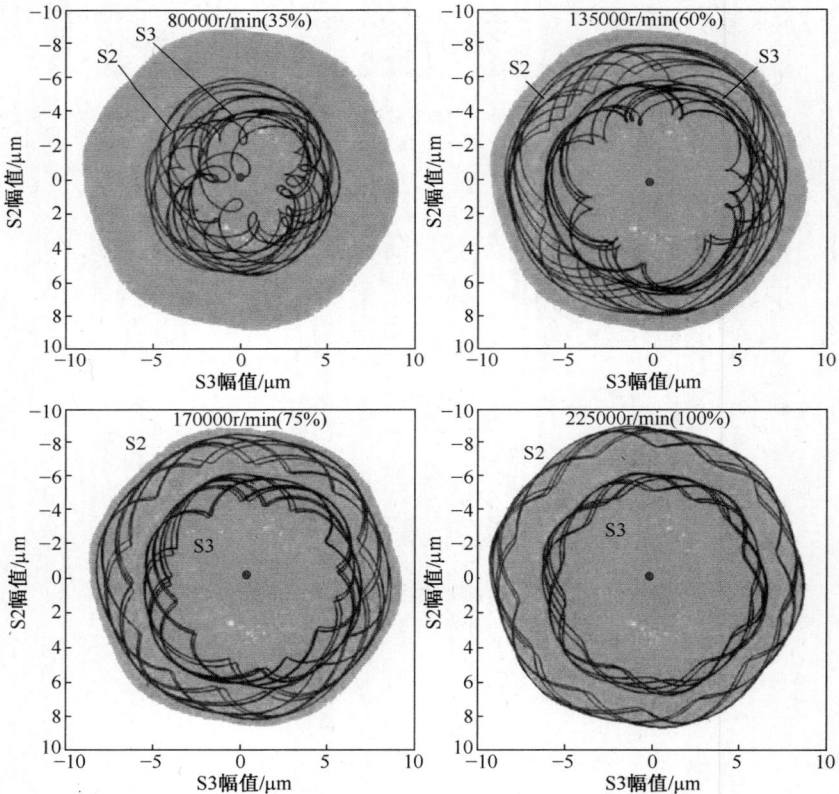

图 5.10 S2 和 S3 处轴颈与轴承环之间相对位移瀑布图[4]

开始时,由于转子质量非常小,只有 150g,所以轴颈和轴承环几乎彼此同心。若相对位移为正,因轴颈位移大于轴承环位移,所以轴颈更加靠近轴承环;相反,轴颈远离轴承环。实时的油膜厚度是由轴承间隙和相对位移确定的,当油膜厚度大于极限油膜厚度时[4],润滑方式为完全流体动力润滑,处在混合润滑和边界润滑之外,轴承磨损很小或完全没有磨损。计算结果显示在整个转速范围内极限环中最大相对位移约为 9μm。这表明,在整个轴承内部径向间隙为 14μm 时,内部轴承间隙中的最小油膜厚度接近 5μm,轴承间隙中 5μm 的最小油膜厚度大于极限油膜厚度,因此,轴承没有磨损。

参 考 文 献

[1] Nordmann, R.: Schwingungsberechnung von nichtkonservativen rotoren mit hilfe von links- und rechts-eigenvektoren (in German), VDI Bericht 269 (1976).

[2] Bartel, D.: Simulation von tribosystem (in German). Springer-Teubner, (2010).

[3] Nguyen-Schäfer, H.: Nonlinear rotordynamics computation of automotive turbochargers using rotating floating ring bearings at high rotor speeds. 10th SIRM International Conference, Berlin (2013).

[4] Nguyen-Schäfer, H.: Rotordynamics of automotive turbochargers. Springer, Berlin-Heidelberg (2012).

[5] Schmied, J: Program Madyn 2000 for computation of rotordynamics, Delta J. S., Zurich (2011).

[6] Nguyen-Schäfer, H., Sprafke, P.: Numerical study on interaction effects of the bubbles induced by air-release and cavitation in hydraulic systems, tenth bath international fluid power workshop bath. UK Research Studies Press Ltd, England (1997).

第6章
油膜涡动噪声

　　油膜涡动噪声是由径向滑动轴承中的内油膜涡动产生的。旋转浮环轴承中的内油膜涡动频率阶次随着转速增加逐渐从 0.4 倍频降低到 0.3 倍频，内油膜的温度增加，油液黏度降低。油膜涡动频率在人耳可听的 600～1000Hz 之间的较窄频带内变化，与转子频率相比，车用涡轮增压器中的这个频率视为准恒定的，因此其对应的噪声也可称为恒频噪声(constant tone)。油膜涡动噪声发生在发动机转速 1500～3000r/min 的范围内，对应于中、高负荷的第二挡至第五挡。

　　图 6.1 是不平衡啸叫噪声和油膜涡动噪声的加速度频谱的瀑布图。油膜的次同步频率自激振动通常发生在车用涡轮增压器中，轴承间隙中的油膜涡流导致了油膜涡动，因此，它与转子的不平衡问题无关。这也说明无论转

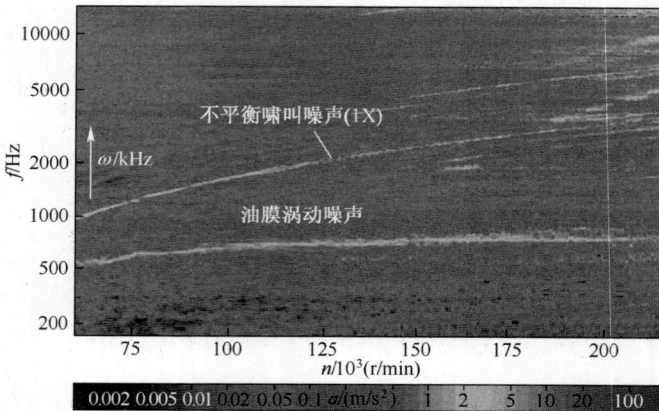

图 6.1　轴承室测得的加速频谱瀑布图

子平衡与否,未进行预处理的轴承中都会产生油膜涡动,然而,在转子靠近轴承壁面的位置,极度不平衡的转子反而可以减小油膜涡动幅值。

如图6.1所示,油膜涡动噪声量值可以通过轴承室中布置的加速度传感器测量得到。油膜涡动噪声是一个次同步响应,其涡动频率低于转子频率,它属于次同步噪声类型,只要轴承中阻尼力大于由轴承刚度耦合系数引起的失稳力,轴颈轨迹就处于准稳态。此时,车厢内油膜涡动噪声不在人耳可听的范围内。转速增加时,当失稳力超过阻尼力,轴颈开始在轴承中涡动,从而产生油膜涡动噪声。值得强调的是声强与涡动频率的平方成正比。因为外油膜涡动频率远小于内油膜涡动频率,所以外油膜涡动声强较低,甚至可以忽略,尽管其涡动幅值远大于内油膜涡动幅值,但外油膜涡动噪声是难以被人耳听到的。

6.1　空气噪声传递途径

车用涡轮增压器产生的同步和异步(超同步和次同步)噪声是由压气机和涡轮叶轮旋转、转子不平衡及径向油膜轴承中内油膜涡动引起的。如图6.2所示,增压器噪声通过轴承油膜、轴承室、压气机壳体、中冷器、空气滤

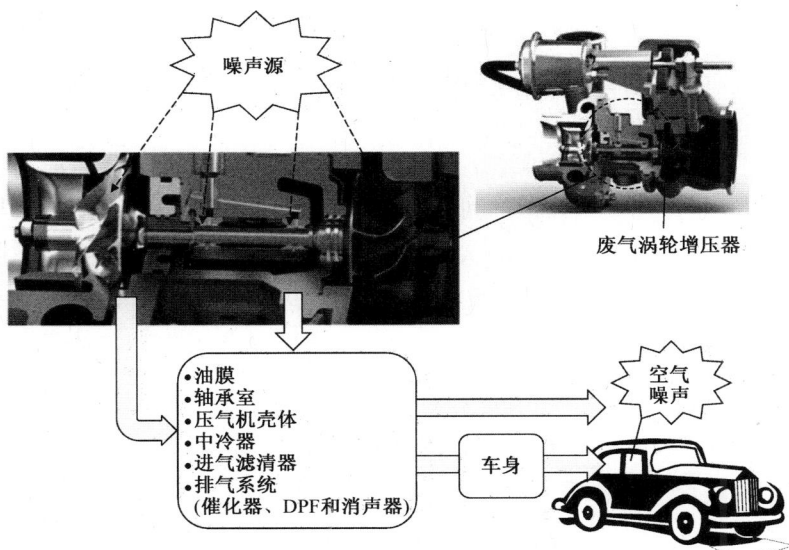

图6.2　空气噪声传递途径

清器、排气歧管、排气系统(催化器、柴油颗粒过滤器和消声器)、车身传播到车内。在传播途径上,增压器噪声激励涡轮增压器周围的部件,当噪声源频率与部件固有频率相等时,在低阻尼情况下会发生振幅较高的共振现象,同时,轴承室、空气滤清器、中冷器和排气系统的受迫振动响应会产生额外的空气噪声,并向车内和环境辐射。对于驾驶员和乘客而言,车内噪声令人生厌,必须尽可能地降低乘用车中的空气噪声。

空气噪声的水平取决于车辆类型,因为增压器周围部件、车身框架的固有频率、阻尼和刚度系数彼此不同,这将产生不同的噪声响应,因此,车辆本身的固有特征在车用涡轮增压器噪声水平中起着重要作用。需要说明的是,一些涡轮增压器的某类空气噪声在一个车型中听不到,但在另一个车型就可能听到,所以,在实际应用中,每个车型中的涡轮增压器噪声特性都必须分别进行分析确定。

6.2　油膜涡动噪声的产生机理

如前所述,油膜涡动噪声由径向轴承中的内油膜涡动产生,为了更好地理解油膜涡动噪声,必须分析内油膜涡动产生的根本原因。在下面章节中,采用轴颈动力学模型和旋转浮环轴承的流动模型进行油膜涡动噪声的研究,这些分析模型可用于回答以下问题,如轴承中内油膜涡动何时发生、为什么发生,油膜涡动噪声取决于哪些影响因素,以及车内的油膜涡动噪声如何降低等,最后将讨论油膜涡动噪声的控制措施。

图 6.3 给出了固定在轴颈上的旋转坐标系 (r,t) 内、轴颈的动力学模型。在径向 r 上,作用于轴颈上的力有轴颈刚度力 $-Ke$、轴承耦合阻尼力 $jk_c\dot{e}$、惯性力 $-m\ddot{e}$ 和离心力 $mr_{\varepsilon}\omega^2 e^{j\omega t}$,由油膜耦合刚度系数 k_c 和轴承阻尼力 $-c\dot{e}$ 引起的失稳力 $jk_c e$ 作用在轴颈的切向方向 t 上,如图 6.3 所示,只要阻尼力大于失稳力,内油膜涡动就不会发生。由此,切向上的内油膜涡动稳定条件可写为

$$c\dot{e}(t) > jk_c e(t) \tag{6.1}$$

式中　$\dot{e}$——轴颈偏心速度, $\dot{e} = j\omega e$;

　　　ω——涡动速度;

　　　k_c——油膜轴承的耦合刚度系数, $k_c = c\lambda\Omega$,其中 Ω 为角速度, λ 为平均流速比[1],平均流速比 λ 和轴颈偏心率 ε 都表示在图 6.3 中。

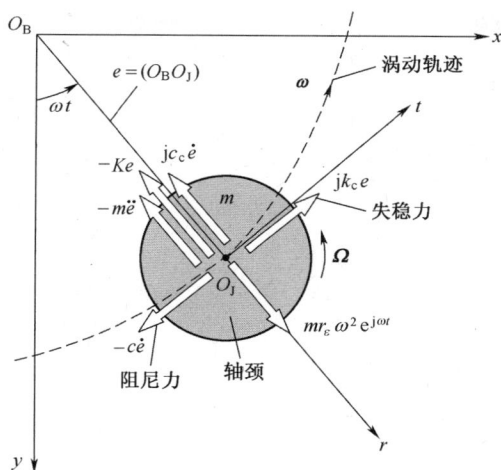

图 6.3　油膜轴承轴颈作用力

对于具有双油膜的旋转浮环轴承,内、外油膜涡动引起的两个次同步振动响应诱导靠近转子的轴承产生不稳定简谐振动响应,油膜涡动噪声由径向油膜轴承中的内油膜涡动产生。随转速增加,当阻尼力小于失稳力时,轴颈开始在内轴承间隙中发生涡动,在这种情况下,未耗散的涡动能量以涡动角速度 ω 激励转子产生自激不稳定响应(内油膜涡动)。

内油膜涡动稳定条件可由式(6.1)推导得到

$$\omega > \lambda \boldsymbol{\Omega} \tag{6.2}$$

式(6.2)表明,只要油膜涡动角速度 ω 大于 $\lambda \boldsymbol{\Omega}$,转子就能保持稳定,此时失稳力产生的动能大部分被径向轴承的阻尼耗散。

在转子高速旋转时,由于轴承摩擦,内油膜的温度升高,导致内轴承间隙中的润滑油黏度降低,同时耗散的能量也将降低,一旦 $\omega < \lambda \boldsymbol{\Omega}$,转子将变得不稳定,并开始以角速度 ω(图6.3)沿着涡动轨迹涡动。在使用旋转浮环轴承的情况下,内油膜涡动的稳定条件可得

$$\omega > \lambda (\boldsymbol{\Omega} + \boldsymbol{\Omega}_{\mathrm{R}})$$
$$\Rightarrow \omega > \lambda \boldsymbol{\Omega}(1 + \mathrm{RSR}) \tag{6.3}$$

式中　RSR——轴承环速比,其中 $\mathrm{RSR} = \boldsymbol{\Omega}_{\mathrm{R}} / \boldsymbol{\Omega}$;

$\boldsymbol{\Omega}_{\mathrm{R}}$——环角速度;

$\boldsymbol{\Omega}$——角速度。

在使用半浮环轴承或普通滑动轴承的情况下,RSR = 0;因此式(6.3)写

为式(6.2)给出的简化稳定条件。

一方面,因为轴承的耦合刚度系数与转速成正比,所以失稳力随着转速的增大而增大;另一方面,因为轴承中的内油膜温度由于轴承摩擦增加,油的黏度随着油温的增加大大降低,所以轴承中的阻尼力减少。因此,高转速时,阻尼力将变小且可能低于轴承中的失稳力,这导致了内油膜涡动。这种涡动是一种次同步正向涡动,其进动方向与转子转速方向相同。后续小节中将研究和分析转子的不稳定阈值。

对转子应用牛顿第二定律,可以得到固定在轴颈上的旋转坐标系 (r,t) 内转子振动方程如下:

$$m\ddot{e} + (c - \mathrm{j}c_c)\dot{e} + (K - \mathrm{j}k_c)e = mr_\varepsilon \omega^2 \mathrm{e}^{\mathrm{j}\omega t} \tag{6.4}$$

式中　　m ——转子质量;

　　j ——虚部单位($\mathrm{j}^2 = -1$);

　　e ——轴颈偏心距;

　　c ——对角阻尼系数;

　　c_c ——耦合阻尼系数;

　　K ——转子轴承系统中的等效刚度系数;

　　k_c ——耦合刚度系数, $k_c = c\lambda\Omega$;

　　ω ——涡动速度;

　　r_ε ——转子不平衡半径。

转子响应可假设为特征值 s 和时间 t 的指数函数

$$e(t) = A\mathrm{e}^{st} \tag{6.5}$$

式中　s ——复特征值,包含实部 α 和虚部 ω_n,即

$$s = \alpha \pm \mathrm{j}\omega_n \tag{6.6}$$

对式(6.5)两次微分,可得

$$\begin{cases} \dot{e} = sA\mathrm{e}^{st} = se(t) \\ \ddot{e} = s^2 A\mathrm{e}^{st} = s^2 e(t) \end{cases} \tag{6.7}$$

将式(6.5)和式(6.7)代入式(6.4)中,可得转子响应特征方程可为

$$D(s) \equiv ms^2 + (c - \mathrm{j}c_c)s + (K - \mathrm{j}c\lambda\Omega) = 0 \tag{6.8}$$

如果复特征值 s 的实部始终为负,则满足转子稳定条件。实部 α 可从特征方程计算得到(见附录C)

$$\alpha = -\frac{c}{2m} \pm \frac{1}{\sqrt{2}} \left[-E + \sqrt{E^2 + F^2} \right]^{\frac{1}{2}} < 0 \tag{6.9}$$

式中

$$E \equiv \frac{K}{m} - \left(\frac{c^2 - c_c^2}{4m^2}\right), \quad F \equiv \frac{c}{m}\left(\lambda\boldsymbol{\Omega} - \frac{c_c}{2m}\right) \tag{6.10}$$

通过求解式(6.9),可以得到内油膜涡动的稳定条件为

$$\omega = \frac{c_c}{2m} + \sqrt{\frac{K}{m} + \left(\frac{c_c}{2m}\right)^2} > \lambda\boldsymbol{\Omega} \tag{6.11}$$

低转速时,因为轴心轨迹相对较小且是准稳态的,所以满足式(6.11)中的转子稳定性条件。随着转速增加,由于轴承摩擦使得内油膜温度升高,导致耦合阻尼系数和轴承刚度系数减小,这使得式(6.11)给出的涡动频率 ω 降低。所以,涡动频率 ω 在高转速时低于 $\lambda\boldsymbol{\Omega}$,不再满足转子稳定性条件。在这种情况下,油膜涡动轨迹变得不稳定,导致了与油膜涡动噪声相关的自激油膜涡动的不稳定性。

通过将特征值实部 α 置零可以得到不稳定性阈值频率,此时油膜涡动开始变得不稳定。

$$\boldsymbol{\Omega}_{th} = \frac{1}{\lambda}\left(\frac{c_c}{2m} + \sqrt{\frac{K}{m} + \left(\frac{c_c}{2m}\right)^2}\right) \tag{6.12}$$

油膜涡动频率 ω 和一阶弯曲临界频率 $\boldsymbol{\Omega}_{cr}$ 相等时,将出现油膜涡动这种自激次同步不稳定性。因为转子挠曲缺陷会随时间呈指数增加,导致轴承中出现因磨损或轴颈卡顿造成的轴承损伤,所以即使在恒定转速下,油膜涡动也是非常危险和有害的。

6.3　油膜涡动噪声分析

本节采用双油膜径向轴承的流动模型,研究油膜涡动噪声的影响因素,其中定义转子角速度为 $\boldsymbol{\Omega}$,定义旋转浮环轴承的环速度为 $\boldsymbol{\Omega}_R$。如图 6.4 所示,在轴颈偏心距为 e 时,进油位置轴承间隙显然等于 $c + e$;出油位置轴承间隙等于 $c - e$。

考虑内轴承收敛楔(convergent wedge),可计算得到进口的润滑油体积流量:

$$\dot{Q}_{in} = v_{in}A_{in} = \lambda_i[\boldsymbol{\Omega}R + \boldsymbol{\Omega}_R(R + c)](c + e)L_i \tag{6.13}$$

式中　　λ_i ——平均流体速度比(图 6.5);

　　　　c ——径向内轴承间隙;

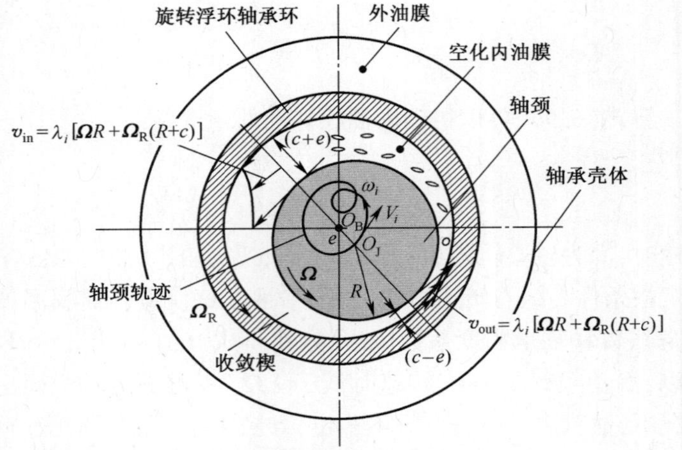

图 6.4　轴承间隙中的油流速剖面图

e ——轴颈偏心度；

L_i ——内轴承宽度；

R ——轴颈半径。

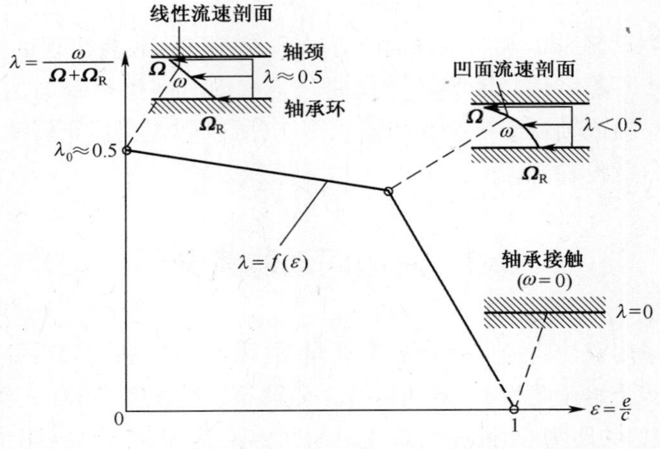

图 6.5　平均流速比 λ 与轴颈相对偏心度 ε 关系

类比于式(6.13)，出口的润滑油体积流量可表示为

$$\dot{Q}_{out} = v_{out} A_{out} = \lambda_i \left[\boldsymbol{\Omega} R + \boldsymbol{\Omega}_R (R + c) \right] (c - e) L_i \qquad (6.14)$$

根据式(6.13)和式(6.14)，进入收敛楔中的油的流入速率大于流出速率，然而，油的供给只能沿着轴线方向流向轴承末端，且由于较小的内部轴承间隙，轴向流速率非常小，因此，轴颈必须以涡动速度 v_i 沿涡动轨迹切线

方向移动,以便于满足内部轴承间隙的质量平衡。如图 6.4 所示,轴颈涡动频率 ω_i 对应速度 v_i。

收敛楔中剩余的润滑油的体积流量为

$$\Delta\dot{Q} = \dot{Q}_{in} - \dot{Q}_{out} \approx 2RL_i e\lambda_i(\boldsymbol{\Omega} + \boldsymbol{\Omega}_R)$$
$$= 2RL_i e\lambda_i\boldsymbol{\Omega}(1 + RSR) \tag{6.15}$$

式中　RSR——轴承环速比,$RSR = \boldsymbol{\Omega}_R/\boldsymbol{\Omega}$,取决于轴承的几何形状和运行中轴承间隙内的油温(见 6.4 节)。

在轴颈涡动时,排出的油的体积流量(油涡动体积流量)为

$$\dot{Q}_w = v_i A_i = (e\omega_i)(2RL_i) = 2RL_i e\omega_i \tag{6.16}$$

式中　A_i——轴颈横截面积,$A_i = 2RL_i$;

　　　ω_i——轴颈涡动角频率。

在内轴承收敛楔中使用连续方程

$$\sum_i \dot{Q}_i = \Delta\dot{Q} - \dot{Q}_w - \dot{Q}_{ax} = 0 \tag{6.17}$$

式(6.15)中的油涡动体积流量为

$$\dot{Q}_w = 2RL_i e\omega_i$$
$$= 2RL_i e\lambda_i\boldsymbol{\Omega}(1 + RSR) - \dot{Q}_{ax} \tag{6.18}$$

油膜涡动幅值与式(6.18)给出的油涡动体积流量成正比,轴颈正向涡动速度可以由式(6.18)计算得到

$$\omega_i = \lambda_i\boldsymbol{\Omega}(1 + RSR) - \frac{\dot{Q}_{ax}}{2RL_i e} \tag{6.19}$$

由于油的流量在轴向上的值可以忽略,所以在 $\lambda_i = 0.5$ 时靠近轴承中心的内油膜涡动频率为

$$\omega_i = \lambda_i\boldsymbol{\Omega}(1 + RSR) \approx \frac{1}{2}\boldsymbol{\Omega}(1 + RSR) \tag{6.20}$$

在 $RSR = 0$ 时使用半浮环轴承或普通滑动轴承的情况下,油膜涡动噪声频率几乎为转子频率的 $1/2$($\omega_i \approx 0.47\boldsymbol{\Omega}$),这通常称为半频油膜涡动。图 6.5 定性显示了旋转浮环轴承的平均流速比。

6.4　环速比计算

在车用涡轮增压器中,通常使用浮环轴承以降低共振时的空气噪声和

转子振幅。两种常用的浮环轴承是半浮环轴承（SFRB）和旋转浮环轴承（RFRB），这两种浮环轴承的共同特点是都有两个油膜，即内油膜和外油膜。然而，半浮环轴承是仅浮动而不旋转的轴承，而旋转浮环轴承是同时浮动和旋转的轴承。

为了减小轴承摩擦，车用涡轮增压器中常使用旋转浮环轴承，由于低转速下轴承摩擦较小，涡轮增压器低扭矩时的瞬态响应可以得到改善。图 6.2 显示了使用旋转浮环轴承的轴承室和转子系统的安装方式，润滑油压为 p_i 时，润滑油从入口沿着圆周和轴向流经外轴承间隙，并在环境压力为 p_0 时流出轴承尾端；润滑油通过轴承环上的油孔流入内轴承间隙，沿着周向和轴向流动，然后在环境压力为 p_0 时离开轴承尾端。油液体积流量取决于油液入口温度、p_i 和 p_0 之间的压降、转速以及轴承环的旋转速度。

内油膜必须承载转子，以平衡作用在转子上的外力，所以，其内轴承径向间隙 c_1 相对较小，以增大轴承刚度系数；相反，外油膜为转子提供了很大的阻尼效应，可以减小共振时的转子挠曲，抑制不平衡啸叫噪声、油膜涡动噪声等转子动力学噪声。

考虑油膜的流动特性，计算轴承中的摩擦功率时（图 6.6），在转轴上产生的轴承摩擦功率为

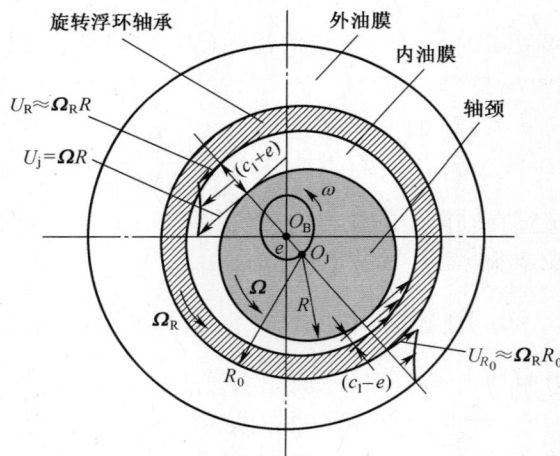

图 6.6　油膜中的流速

$$P_f = F_f U_j = U_j \int_A \tau \, \mathrm{d}A = \eta_i \frac{\partial U}{\partial h} A_j U_j \approx \left(\eta_j \frac{U_j}{h} A_j \right) U_j \qquad (6.21)$$

式中　　η_i ——内油膜动力学黏度；

$\partial U/\partial h$ ——油膜速度梯度；

h ——油膜厚度；

A_j ——轴颈摩擦面积；

U_j ——轴颈圆周速度。

为降低轴承摩擦功率，轴承环在内轴承间隙中以圆周速度 U_R 旋转，降低油膜速度梯度，轴承摩擦功率减小为

$$P_f^* \approx \eta_i \frac{U_j - U_R}{h} A_j U_j \qquad (6.22)$$

根据式（6.21）和式（6.22），计算轴承摩擦功率的相对减少量：

$$\frac{\Delta P_f}{P_f} = \frac{P_f - P_f^*}{P_f} = 1 - \frac{P_f^*}{P_f} = \frac{U_R}{U_j} \approx \frac{\Omega_R}{\Omega} \equiv \text{RSR} \qquad (6.23)$$

式中　Ω_R ——环角速度（ $\Omega_R < \Omega$ ）；

Ω ——转子角速度。

式（6.23）表明摩擦功减少量与环速比 RSR 成正比，所以，环速比越高，轴承摩擦功率减少量越大。

由雷诺方程得出的 Petroff 定律可以计算半浮环轴承内作用于轴颈上的扭矩：

$$M = R \int_A \tau \, dA = R \int_A \eta \frac{\partial U}{\partial h} dA = \frac{2\pi \eta R^3 L \Omega}{c} \qquad (6.24)$$

将式（6.24）应用在旋转浮环轴承上，可以得到作用在轴承环内侧的驱动扭矩：

$$M_i = \frac{2\pi \eta_i R_i^3 L_i (\Omega - \Omega_R)}{c_1} \qquad (6.25)$$

以及作用在轴承环外侧的摩擦扭矩：

$$M_o = - \frac{2\pi \eta_o R_o^3 L_o \Omega_R}{c_2} \qquad (6.26)$$

使用角动量定律，可以得到稳态条件（ $\ddot{\theta} = 0$ ）下的环速比 RSR：

$$\sum M = M_i + M_o = I_p \ddot{\theta} = 0$$

因此

$$\text{RSR}_{\text{steady}} \equiv \frac{\Omega_R}{\Omega} \approx \frac{1}{1 + \dfrac{\eta_o(T_o)}{\eta_i(T_i)} \left(\dfrac{L_o}{L_i}\right) \left(\dfrac{c_1}{c_2}\right) \left(\dfrac{D_o}{D_i}\right)^3} \qquad (6.27)$$

式中　η_i、η_o——内、外油膜的动力学黏度；

　　　　L_i、L_o——内、外油膜轴承宽度(图 6.7)；

　　　　c_1、c_2——内、外径向轴承间隙；

　　　　D_i、D_o——内、外轴承直径；

　　　　I_p——转子的极惯性矩。

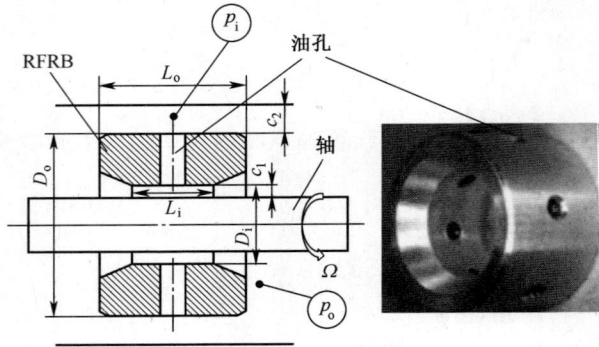

图 6.7　旋转浮环轴承几何体

考虑内油膜和外油膜的偏心距时,修正的稳态[2]为

$$\mathrm{RSR}_{\mathrm{steady}}^* \equiv \frac{\boldsymbol{\Omega}_R^*}{\boldsymbol{\Omega}} \approx \frac{1}{1 + \dfrac{\eta_o(T_o)}{\eta_i(T_i)} \left(\dfrac{L_o}{L_i}\right) \left(\dfrac{c_1\sqrt{1-\varepsilon_1^2}}{c_2\sqrt{1-\varepsilon_2^2}}\right) \left(\dfrac{D_o}{D_i}\right)^3} \qquad (6.28)$$

在非稳态状态 $\ddot{\theta} \neq 0$ 下,式(6.27)和式(6.28)中的环速比[3]为

$$\mathrm{RSR}_{\mathrm{unsteady}} = \mathrm{RSR}_{\mathrm{steady}} - \frac{I_p\ddot{\theta}}{2\pi\boldsymbol{\Omega}\left(\dfrac{\eta_i R_i^3 L_i}{c_1} + \dfrac{\eta_o R_o^3 L_o}{c_2}\right)} \qquad (6.29)$$

对于浮环轴承,因为内部间隙远小于外部间隙,转速增大时轴承摩擦,使得内油膜温度高于外油膜温度,因此,内油膜和外油膜的油液黏度比增加($\eta_o \gg \eta_i$),导致环速比降低,图 6.8 显示了旋转浮环轴承不同进口温度条件下,计算所得的环速比和转速关系。在计算中,内油膜和外油膜的有效温度 $T_{b,i}$ 和 $T_{b,o}$ 仅由轴承摩擦引起,不考虑从轴承室到油膜的热传导。实际上,轴承壳体的热传导增加了外油膜温度,因此,涡轮端的环速比通常要大于压气机端的环速比。进口油温为 90℃、由低转速至 90000r/min 时,环速比在 15%~30% 之间变化,因此,相比于低扭矩下的半浮环轴承,旋转浮环轴承的转子摩擦功率可以减小 20%~30%,从而可以改善涡轮增压器瞬态特性。

转速越高,内油膜油温越高,导致环速降低。在进口油温高时,内、外油膜的动力学黏度比变化不大,所以,环速比减小的速度很慢,且可以在高转速时保持近乎恒定。随着进口油温降低,内油膜中的轴承摩擦增加,内油膜温度升高,因此,随着进口油温降低,环速减小。如图 6.8 所示,在进口油温恒定的情况下,环速比随着转速减小,在转速恒定时,环速比随着进口油温增加。旋转浮环轴承有两个优点:一是轴承摩擦降低,尤其是低扭矩状态;二是较大的外油膜导致了较大的阻尼效应,因为有两个油膜,所以相比于半浮环轴承,旋转浮环轴承有较大的油液体积流量和轴心轨迹。

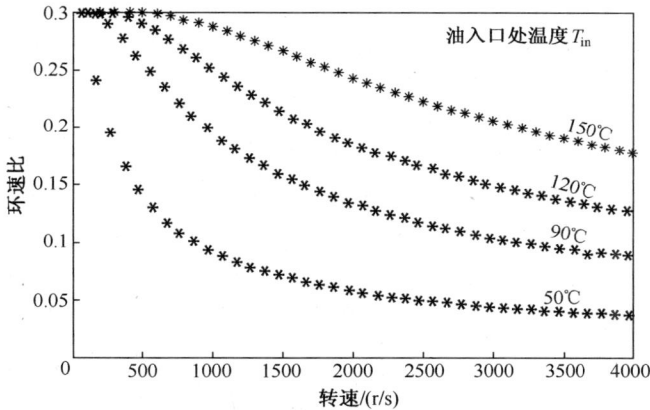

图 6.8 计算所得的环速比与转速关系

在转子加速区考虑非稳态情况,因为式(6.29)中环速比的惯性项非常大,所以在低转速和进口油温较高时环速比很低,这在转子加速度较高时尤为明显。随着转速增加,惯性项减小,环速比将会增加,进一步增加转速时,环速比处于稳定状态。

6.5 前、后油膜涡动噪声

如图 6.9 所示,在加速段,涡轮增压器转子从怠速状态加速到最大转速,轴承中的内油膜温度相对较低,几乎与低转速时的外油膜温度相等,此时,式(6.29)给出的环速比在转子加速过程中缓慢增加。根据式(6.20),内油膜涡动频率与转速和环速比的乘积成正比,由此,前油膜涡动噪声在 $400 \sim 600 \mathrm{Hz}$(人耳可听频率范围内)之间变化。

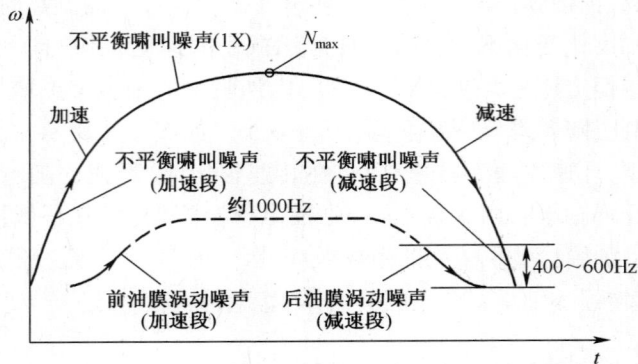

图 6.9　加速和减速阶段的增压器噪声

在转速进一步增加至最大转速时,因为内油膜中的湍流摩擦比外油膜中的要大,所以内油膜温度升高,大于外油膜温度,内油膜粘度降低,根据式(6.28)和式(6.29),环速比随着转速降低。一方面,内油膜涡动频率在高转速时随着环速比降低;另一方面,如式(6.20)所示,内油膜涡动频率正比于转速,因此,油膜涡动噪声频率在高转速时增长相当缓慢,其频率范围为600～1000Hz。与正常运行条件下的转子频率范围相比,油膜涡动噪声视为准恒定的。

在减速段,涡轮增压器转子从最大转速减速至怠速状态,在减速过程中,因为内外油膜的粘度基本相同,所以环速比变化不大。因此,内油膜涡动频率在低转速时由 1000Hz 降低至 400Hz。如图 6.9 所示,在 600～400Hz 之间,后油膜涡动噪声在车厢中通常可以被人耳听到,它是由外油膜的低阻尼效应引起的,因为噪声级与频率平方成正比,所以在低频段(<400Hz),该噪声难以听到。

减速阶段的发动机整体噪声相比于加速阶段大大减小,因此,减速阶段的后油膜涡动噪声比加速阶段的前油膜涡动噪声更应得到重视,这种后油膜涡动噪声可以通过采用下面章节中讨论的主动或被动措施降低。后油膜涡动噪声会与不平衡啸叫噪声及其他涡轮增压器周边部件产生的噪声混淆,因为这些噪声的频率在减速阶段也随转速降低,在这种情况下,其他噪声源必须优先于后油膜涡动噪声进行控制。事实上,除后油膜涡动噪声外,不平衡啸叫噪声、燃油泵噪声和高次谐波噪声等在一部分车型中也是可以被人耳听到的,后油膜涡动噪声还取决于车型和涡轮增压器在发动机中的安装形式。

6.6　降低油膜涡动噪声的措施

结果显示,内油膜涡动幅值与式(6.18)给出的油膜涡动体积流量成正比,如式(6.19)和式(6.20)所示,其油膜涡动频率取决于轴向的滑油体积流量、转子和轴承环速度。为了降低油膜涡动噪声水平,油的涡动流量必须尽可能小。表6.1列出了一些可以通过将油膜涡动幅值最小化来降低油膜涡动噪声水平的可行措施。

表 6.1　降低油膜涡动噪声级的措施

	措施	优点	缺点
主动	减小内轴承间隙 $2c_1$	降低油膜涡动噪声幅值 → 减小偏心度 $e = \varepsilon c_1$	·高油温→焦化 ·混合润滑区磨损
	缩短内轴承宽度 L_1	降低了油膜涡动噪声的幅值	·内轴承面减小 ·混合润滑区磨损
	降低环速比 RSR	降低了油膜涡动噪声的幅值	·低扭矩时轴承磨损增加 ·低扭矩时瞬态响应变差
被动	增大外轴承间隙 $2c_2$	外油膜中更大的阻尼效应	·更大的转子挠曲→不稳定 ·轴承调制→边带
	增大轴承外径 D_o	外油膜中更大的阻尼效应	·由于密封圈较大,油的窜漏和泄漏增加
	使用具有内轴向凹槽的径向轴承	轴向油的流量增大	·由于油液不足导致轴承磨损 ·轴承调制边带
	优化涡轮增压器壳体特征频率	降低由油膜涡动噪声激励的涡轮增压器壳体共振幅值	—
	优化车身和部件的刚度与阻尼特性	降低由油膜涡动噪声激励的部件共振幅值	—

6.6.1　主动措施

油膜涡动的主要原因是内轴承间隙收敛楔中的油液体积流量过剩,为了使油膜涡动噪声级减小,必须改善油液流量过剩现象,以便使内油膜涡动幅值尽可能小,转子维持在稳定状态。式(6.18)表明,通过降低油液流量自身过剩量(第一项)或增加轴向上的油液流量(第二项)来抵消油液过剩,可以使油涡动流量最小化,最终,油液涡动流量减小,油膜涡动噪声级降低。

根据式(6.18),有一些可以降低油液流量过剩的措施,包括:减小内轴承间隙 c 以增加轴承刚度系数,从而使轴颈偏心距 $e = c \cdot \varepsilon$ 减小;缩短内轴承宽度 L_i ;减小转子直径 $D(=2R)$;或降低环速比。然而,这些措施在应用于涡轮增压器前都应深入研究,因为它们也会带来一些缺点,如转子不稳定性,由于轴承内表面减小而造成的磨损,由于轴承和轴颈之间的混合润滑导致的轴承摩擦增大,由于轴承环速度降低而在低扭矩状态下出现的瞬态特性恶化,以及内轴承间隙内的润滑油焦化。

其次,可以通过在内轴承中安装一些轴向油槽来增加油液体积流量,进而抵消油液流量过剩,使轴颈涡动幅值减小,降低油膜涡动噪声级。然而,因为轴承间隙内的润滑油不能有效保持,轴承会发生磨损,尤其是在启动—停止—驱动条件或高速平衡中转子极度不平衡时。

6.6.2 被动措施

油膜阻尼效应定义为每单位弧度,油膜中的耗散能量与整个振动系统总能量之比,油膜阻尼效应结果为

$$D_{eff} \equiv \frac{1}{2\pi}\left(\frac{E_d}{E_t}\right) = \frac{\pi c \omega x^2}{2\pi\left(\frac{1}{2}kx^2\right)} = \frac{c\omega}{k} \tag{6.30}$$

式中　c ——油膜阻尼系数;

　　　k ——转子—轴承刚度系数;

　　　x ——轴承位移幅值;

　　　ω ——轴承涡动频率。

外轴承间隙应设计的足够大,以便于增加轴承外油膜传递路径上的阻尼效应,进而抑制油膜涡动噪声声压级,然而,因为刚度系数降低,过大的外轴承间隙会导致转子不稳定。另一种可行的措施是通过增加轴承外径来增加外油膜的阻尼和刚度系数,此时,外油膜的阻尼效应增加,可以降低和抑制油膜涡动噪声,但是,轴承环速比降低将导致转子中轴承摩擦力增加并由此降低涡轮增压器在低扭矩时的瞬态特性。此外,可以优化涡轮增压器壳体的特征频率,用以降低由油膜涡动噪声引起的共振幅值。

同样,也可以通过优化车身和涡轮增压器周围部件的阻尼和刚度系数

改变其固有频率,以降低由油膜涡动噪声激发的共振幅值(见第 7 章)。

　　下面介绍两种降低车用涡轮增压器油膜涡动噪声的示例,分别为降低内轴承间隙(主动措施)和增大外轴承间隙(被动措施)。如图 6.10 所示,采用主动措施时,内轴承间隙 $2c_1$ 从 23μm 降至 15μm,与加速相关的油膜涡动噪声可由加速度来表示,加速度从最大轴承间隙 23μm 时的 8 m/s^{2}降低至最小轴承间隙 15μm 时的 3 m/s^2。该结果表明内轴承间隙越小,油膜涡动噪声水平越低,轴颈偏心距也减小,因此,根据式(6.18),油的涡动体积流量降低,油膜涡动噪声水平降低。相反,当轴承刚度系数较小时,轴颈偏心距在较大的内轴承间隙 $2c_1$ 情况下增加,使得油膜涡动噪声水平增加。值得注意的是,小的内轴承间隙因为硬质颗粒磨损和轴承摩擦造成的较高油温,将分别导致轴承磨损和轴承间隙内的滑油焦化。

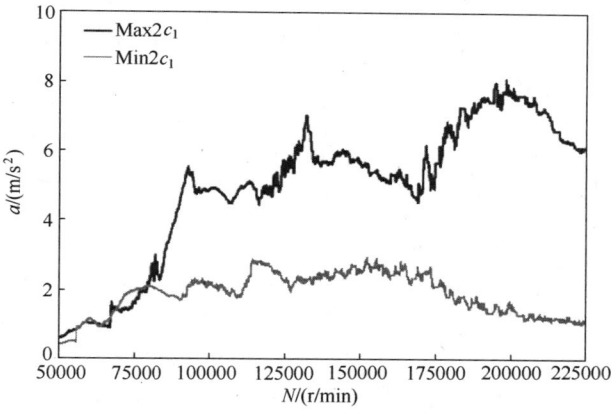

图 6.10　轴承壳体中测得最小/最大内轴承间隙下油膜涡动噪声水平[4]

　　被动措施通过增加外部轴承间隙 $2c_2$ 来降低油膜涡动噪声,图 6.11 中的测试结果显示外油膜厚度越大,油膜涡动噪声水平越低。较大的外油膜厚度产生较小的轴承摩擦,外油膜温度降低,使得阻尼效应因外油膜中较大的轴承涡动频率而增加,阻碍了油膜涡动噪声通过外油膜的传递。外油膜中的轴承摩擦随着外轴承间隙 $2c_2$ 减小而增加,油温升高,使得外油膜中的滑油粘度降低,因此,由于油膜涡动频率降低,外油膜阻尼系数减小,油膜涡动噪声在通过外油膜传递时得到了抑制。例如,如图 6.11 所示,外部轴承间隙从 68μm 增大到 84μm,对应于加速度响应的油膜涡动噪声从最小轴承间隙 68μm 的 7m/s^{2}降低至最大轴承间隙 84μm 时的约 4m/s^2。然而,外油膜刚度系数随着外部轴承间隙增大而减小,外油膜中的转子幅值变得不稳定,导致轴承环和轴承室之间处于混合边界润滑中的轴承磨损，在这种情况下，应小心求证最大外部轴承间隙是否满足运行转速范围内的转子动力学稳定条件。

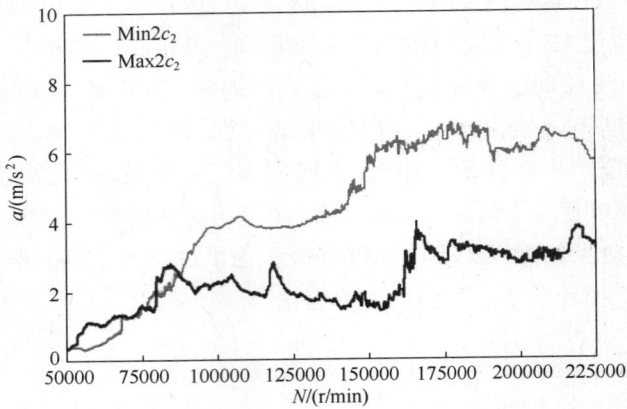

图 6.11　轴承壳体中测得最小/最大外轴承间隙下油膜涡动噪声水平[4]

参 考 文 献

[1] Hori, Y. : Hydrodynamic lubrication. Springer, (2006).

[2] Muszyńska, A. : Rotordynamics. CRC Press, (2005).

[3] Nguyen-Schäfer, H. : Rotordynamics of Automotive Turbochargers. Springer, Berlin-Heidel- berg (2012).

[4] Nguyen-Schäfer, H. , Kleinschmidt, R. : Analysis and nonlinear rotordynamics computation of constant tone in automotive turbochargers, 17th ATK conference. Dresden, Germany (2012).

如图 7.3 所示,即使在共振 $\eta = 1$ 处,也可以通过增大部件阻尼来降低响应幅值 $|A|$。应当注意,阻尼比越大,对应的振动幅值响应越小,无量纲的阻尼比由部件刚度、阻尼系数和质量的比值定义[2,3]:

$$\xi = \frac{c}{2\sqrt{Km}} \tag{7.2}$$

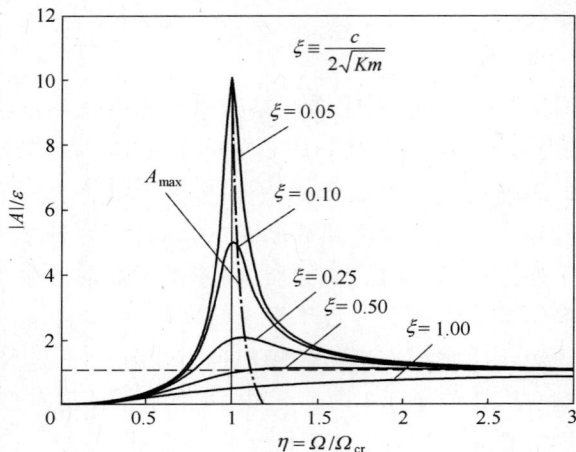

图 7.3 不同阻尼比 ξ 下的共振幅值

实际应用中,支撑结构的弹性材料可以对受激部件产生阻尼效应,从而减小共振幅值。声学工程师需要在增压器周围部件优化和成本之间进行折中,这迫使转子动力学工程师尽量直接降低涡轮增压器本体的噪声。

参 考 文 献

[1] Muszýnska, A.: Rotordynamics. CRC Press, New York (2005).

[2] Nguyen-Schäfer, H.: Rotordynamics of automotive turbochargers. Springer, Berlin-Heidelberg (2012).

[3] Vance, J.: Rotordynamics of turbomachinery. Wiley, New York (1988).

[4] Vance, J., Zeidan, F., Murphy, B.: Machinery vibration and rotordynamics. Wiley, New York (2010).

结　论

　　除了涡轮增压器的性能,涡轮增压器的噪声水平逐渐成为一个更为重要的话题,在乘用车领域更是如此。为了分析涡轮增压器的噪声源,本书研究了压气机中的两种流动不稳定性,压气机中的流动不稳定性导致旋转失速和喘振分别诱导产生失速噪声和喘振噪声,旋转浮环轴承内油膜涡动产生的自激不稳定性引起了油膜涡动噪声,高速平衡后的残余不平衡量和长期运转后产生的转子不平衡会导致不平衡啸叫噪声,以上都是乘用车中涡轮增压器的噪声源。这些令人不适的噪声通过涡轮增压器本体、涡轮增压器周围部件和车身框架传递到车内。此外,噪声水平还由车型所决定,因为噪声水平是不同的驾驶员和乘客在不同运行条件下针对不同车型进行的主观评价。

　　因为噪声的数值模拟包含许多跨学科的仿真计算,所以涡轮增压器噪声数值模拟相比于计算流体力学(CFD)更加复杂和困难,例如:使用CFD和计算非线性转子动力学(CNR)求解近场噪声的产生;使用包含线性气动声学欧拉方程(LEE)的计算气动声学理论(CAA)求解涡轮增压器周围部件中的噪声传播;使用基于莱特希尔方程的声扰动方程(APE)在中间场中计算非线性气动声学;使用基于积分方法的福茨威廉姆斯-霍金斯方程(FW-H方程)模拟车辆向外界环境辐射的远场噪声;使用有限元法(FEM)和边界元法(BEM)求解非线性FWHE和基尔霍夫-亥姆霍兹积分方程中的声压,BEM通过将三维声场问题中边界面上的声压求和,用于求解同时包含气动、转子动力学噪声源的基尔霍夫-亥姆霍兹积分方程。所以,在不久的将来,在包含涡轮增压器周围部件的条件下,为车用涡轮增压器非线性气动声学、流体力学和非线性转子动力学开发一套商用计算程序是一个巨大的挑战。

　　事实上,由新车型的设计周期所决定,通常在产品开发阶段结束时才会进行声学评估。因为车内的声学品质取决于车身和涡轮增压器周围部件的影响,所以在热风试验台上无法提前评估空气噪声。有时,尽管没有通过长

时间的运转来评估轴承的耐用性和磨损度,改进后的径向轴承仍需要直接应用在某些车型上。由此,针对每一款客户车型,都必须在生产前对空气噪声做深入理解,以便于在产品开发完成阶段前更快地针对出现的情况进行评估并提出有效措施。

延伸阅读文献

[1] Bartel, D.: Simulation von Tribosystemen. Springer-Teubner, German (2010).

[2] Cremer, L., Möser, M.: Technische Akustik (in German), 5. Auflage, Springer, Berlin (2003).

[3] Crocker, M. J.: Noise and vibration control. Wiley, Inc. (2007).

[4] Cumpsty, N. A.: Compressor aerodynamics. Krieger Publishing Company, New York (2004).

[5] Fahy, F., Gardonio, P.: Sound and structural vibration, 2nd edn. Academic, New York (2007).

[6] Greitzer, E. M.: The stability of pumping systems, the 1980 Freeman scholar lecture. J. Fluids Eng. 103 (1981).

[7] Hori, Y.: Hydrodynamic lubrication. Springer, Berlin (2006).

[8] Muszýnska, A.: Rotordynamics. CRC Press, Boca Raton (2005).

[9] Nguyen-Schäfer, H.: Rotordynamics of automotive turbochargers. Springer, Heidelberg (2012).

[10] Nguyen-Schäfer, H., Kleinschmidt, R.: Analysis and nonlinear rotordynamics computation of constant tone in automotive turbochargers. In: Proceedings of the 17th ATK Conference, Dresden, Germany (2012).

[11] Nguyen-Schäfer, H., Sprafke, P.: Numerical study on interaction effects of the bubbles induced by air-release and cavitation in hydraulic systems, tenth bath international fluid power workshop, Bath, UK. Research Studies Press Ltd., Hertfordshire, England (1997).

[12] Nguyen-Schäfer, H.: Nonlinear rotordynamics computations of automotive turbochargers using rotating floating ring bearings at high rotor speeds. In: Proceedings of the 10th SIRM International Conference, Berlin, Germany (2013).

[13] Nordmann, R.: Schwingungsberechnung von nichtkonservativen rotoren mit hilfe von links—und rechts-eigenvektoren (in German), vol. 269. VDI Bericht (1976).

[14] Rieger, N. F.: Rotordynamics 2—problems in turbomachinery, CISM courses and lectures No. 297 (1988).

[15] Rieger, N. F.: Balancing of rigid and flexible rotors. U. S. DoD (1986).

[16] Schmied, J.: Program MADYN 2000 for computation of rotordynamics, Delta J. S., Zurich (2011).

[17] Schobeiri, M.: Turbomachinery flow physics and dynamic performance, 2nd edn, Springer, Berlin (2012).

[18] Vance, J.: Rotordynamics of turbomachinery. Wiley Inc., New York (1988).

[19] Vance, J., Zeidan, F., Murphy, B.: Machinery Vibration and Rotordynamics. Wiley, New York (2010).

[20] Whitfield, A. , Baines, N. C. : Design of radial turbomachines, Pearson education, Longman scientific and technical (1990).

[21] Aris, R. : Vectors, tensors, and the basic equations of fluid mechanics. Dover Publications Inc. , New York (1989).

[22] Synge, J. L. , Child, A. : Tensor calculus. Dover Publications Inc. , New York (1969).

附录A
理想气体热力学特性

在涡轮增压研究中需要了解一些基本的气体热力学特性,这些特性通常用于小型化发动机的涡轮增压问题在此假设增压空气和废气为理想气体。总温 T_t 是静温 T_s(K)与动态温度 T_{dyn}(K)之和,静温在壁面上测得,由于湍流边界层的作用该处气流速度为0。

$$T_t = T_s + T_{dyn}$$
$$= T_s + \frac{v^2}{2c_p}$$ (A.1)

式中　v——气流速度;

　　　c_p——比定压热容。

总压由等熵气体方程计算得到

$$p_t = p_s \left(\frac{T_t}{T_s}\right)^{\frac{\kappa}{\kappa-1}}$$
$$= p_s \left(1 + \frac{\kappa-1}{2}Ma^2\right)^{\frac{\kappa}{\kappa-1}}$$ (A.2)

式中　p_s——静压;

　　　κ——气体绝热指数,$\kappa = c_p/c_V$;

　　　c_V——比定容热容;

　　　Ma——气体的马赫数,$Ma = V/c$;

　　　c——使用气体常数 R_a 计算得到的声速,且有

$$c = \sqrt{\kappa R_a T_s}$$ (A.3)

总比焓由气体比焓和气体的比动能求和得到:

$$h_t(T) = h(T) + \frac{v^2}{2}$$ (A.4)

气体比焓 h（每单位质量的焓值，J/kg）定义如下：

$$h(T) = c_p(T - T_0)$$

$$= u(T) + \frac{p}{\rho} \tag{A.5}$$

$$= u(T) + R_a T$$

式中　ρ —— 气体密度；

　　T_0 —— 参考温度；

　　u —— 气体比内能。

气体比内能由比定容热容 c_V 和气体温差 ΔT 求得：

$$u(T) = c_V(T - T_0) - R_a T_0 = c_V \Delta T - R_a T \tag{A.6}$$

在 $T_0 = 273.14\text{K}$（0℃）时，气体焓值为

$$h(T_0) \equiv 0 \tag{A.7}$$

因此，根据式（A.7）可以得到气体比内能为

$$u(T_0) \equiv -R_a T_0 \tag{A.8}$$

附录B
坐标变换

如图 B.1 所示,在有限元计算中,有限元网格内的离散化声压方程必须从局部正交坐标系变换到整体笛卡儿坐标系。这里简要介绍一些坐标变换所需的数学背景,更多细节可以参见延伸阅读文献[17,21,22]。

控制体 V 中的位置矢量 r 在以下坐标系中可表示为

(1) 在笛卡儿坐标系 (x_1, x_2, x_3),有

$$r = x_1 e_1 + x_2 e_2 + x_3 e_3 \tag{B.1}$$

(2) 在曲线坐标系 (ξ_1, ξ_2, ξ_3),有

$$r = \xi_1 g_1 + \xi_2 g_2 + \xi_3 g_3 \tag{B.2}$$

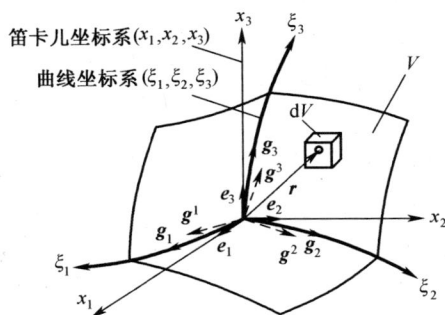

图 B.1 坐标变换

式中 e_1、e_2 和 e_3——笛卡儿坐标系的协变基矢量(单位矢量);

g_1、g_2 和 g_3——曲线坐标系的协变基矢量(非单位矢量);

x_i——r 的协变基矢量分量($i = 1,2,3$);

ξ_i——r 的协变基矢量分量($i = 1,2,3$)。

与曲线坐标系相切的协变基矢量通过爱因斯坦求和符号进行定义:

$$g_i = \frac{\partial \boldsymbol{r}}{\partial \xi_i} = \frac{\partial (x_j \boldsymbol{e}_j)}{\partial \xi_i} \tag{B.3}$$

$$\equiv \frac{\partial x_j}{\partial \xi_i} \boldsymbol{e}_j = \sum_{j=1}^{3} \frac{\partial x_j}{\partial \xi_i} \boldsymbol{e}_j$$

与曲线坐标系中面 (ξ_j, ξ_k) 垂直的逆变基矢量由下式可得

$$\boldsymbol{g}^j \equiv \frac{\partial \xi_j}{\partial x_m} \boldsymbol{e}_m = \sum_{m=1}^{3} \frac{\partial \xi_j}{\partial x_m} \boldsymbol{e}_m \tag{B.4}$$

协变基矢量和逆变基矢量的内积由下式可得

$$\boldsymbol{g}_k \boldsymbol{g}^j \equiv \frac{\partial x_i}{\partial \xi_k} \cdot \frac{\partial \xi_j}{\partial x_m} \boldsymbol{e}_i \boldsymbol{e}_m = \frac{\partial \xi_j}{\partial \xi_k} \equiv \delta_k^j \tag{B.5}$$

式中：δ_k^j 为克罗内克符号，当 $j \neq k$ 时 $\delta_k^j = 0$，当 $j = k$ 时 $\delta_k^j = 1$。

曲线坐标系的度量系数定义：

（1）协变度量系数为

$$g_{ij} = \boldsymbol{g}_i \cdot \boldsymbol{g}_j \tag{B.6}$$

（2）逆变度量系数为

$$g^{ij} = \boldsymbol{g}^i \cdot \boldsymbol{g}^j \tag{B.7}$$

（3）混合度量系数为

$$g_i^j = \boldsymbol{g}_i \cdot \boldsymbol{g}^j \tag{B.8}$$

曲线坐标系中的流体矢量 $\boldsymbol{v}$ 可以表示为

$$\boldsymbol{v} = v^1 \boldsymbol{g}_1 + v^2 \boldsymbol{g}_2 + v^3 \boldsymbol{g}_3 \equiv v^i \boldsymbol{g}_i \tag{B.9}$$

$$= v_1 \boldsymbol{g}_1 + v_2 \boldsymbol{g}_2 + v_3 \boldsymbol{g}_3 \equiv v^i \boldsymbol{g}_i$$

式中 v^1、v^2、v^3——逆变基矢量分量（上角标）；

v_1、v_2、v_3——协变基矢量分量（下角标）。

坐标变化使用的雅可比行列式如下：

$$\boldsymbol{J} = \begin{vmatrix} \dfrac{\partial x_1}{\partial \xi_1} & \dfrac{\partial x_1}{\partial \xi_2} & \dfrac{\partial x_1}{\partial \xi_3} \\[2mm] \dfrac{\partial x_2}{\partial \xi_1} & \dfrac{\partial x_2}{\partial \xi_2} & \dfrac{\partial x_2}{\partial \xi_3} \\[2mm] \dfrac{\partial x_3}{\partial \xi_1} & \dfrac{\partial x_3}{\partial \xi_2} & \dfrac{\partial x_3}{\partial \xi_3} \end{vmatrix} = \varepsilon_{ijk} \left(\frac{\partial x_i}{\partial \xi_1} \right) \left(\frac{\partial x_j}{\partial \xi_2} \right) \left(\frac{\partial x_k}{\partial \xi_3} \right) \quad (\forall i,j,k = 1,2,3)$$

$$\tag{B.10}$$

式中，ε_{ijk} 为如下定义的排列符号

$$\varepsilon_{ijk} = \begin{cases} 0 \\ 1 \\ -1 \end{cases} \qquad (B.11)$$

当 $i=j$，$j=k$ 或 $k=i$ 时 ε_{ijk} 为 0；当 ijk 为一个偶排列时 ε_{ijk} 为 1；当 ijk 为一个奇排列时 ε_{ijk} 为 -1。

在正交基中，雅可比行列式可以由式（B.3）、式（B.6）和式（B.10）求得

$$J = \sqrt{g_{11} \cdot g_{22} \cdot g_{33}} \qquad (B.12)$$

曲线坐标系中的无穷小体积 dV 可以通过式（B.10）计算：

$$\begin{aligned} dV &\equiv dx_1 dx_2 dx_3 \\ &= d\boldsymbol{X}^1 (d\boldsymbol{X}^2 \times d\boldsymbol{X}^3) \\ &= \varepsilon_{ijk} \left(\frac{\partial x_i}{\partial \xi_1} d\xi_1 \right) \cdot \left(\frac{\partial x_i}{\partial \xi_2} d\xi_2 \right) \cdot \left(\frac{\partial x_i}{\partial \xi_3} d\xi_3 \right) \\ &= J \cdot (d\xi_1 d\xi_2 d\xi_3) \end{aligned} \qquad (B.13)$$

式中

$$d\boldsymbol{X}^i = \begin{bmatrix} \dfrac{\partial x_i}{\partial \xi_1} & \dfrac{\partial x_i}{\partial \xi_2} & \dfrac{\partial x_i}{\partial \xi_3} \end{bmatrix}^{\mathrm{T}} \qquad (\forall i = 1,2,3) \qquad (B.14)$$

坐标变换时速度 v 不变，因此，可以通过式（B.13）求得整个控制体积 V 上基于 $x_i = x_i(\xi_1, \xi_2, \xi_3)$（其中 $i = 1,2,3$）的速度 v 的体积积分：

$$\int_V v(x_1, x_2, x_3) dV = \int_V v(\xi_1, \xi_2, \xi_3) J \cdot d\xi_1 d\xi_2 d\xi_3 \qquad (B.15)$$

相似地，在曲线坐标系的切面 S_{T} 上计算函数 $\varphi(\boldsymbol{X})$ 的面积分，式中用参数 $\boldsymbol{X}(\lambda_1, \lambda_2)$ 表示笛卡儿坐标系中的面 S。

$$\int_S \varphi(\boldsymbol{X}) \boldsymbol{n} \cdot dS = \int_{S_{\mathrm{T}}} \varphi[\boldsymbol{X}(\lambda_1, \lambda_2)] \cdot \left(\frac{\partial \boldsymbol{X}}{\partial \lambda_1} \times \frac{\partial \boldsymbol{X}}{\partial \lambda_2} \right) d\lambda_1 d\lambda_2 \qquad (B.16)$$

坐标变换给出了曲线坐标系中写成爱因斯坦求和约定形式的算子：

（1）标量函数 $\varphi = \varphi(\xi_1, \xi_2, \xi_3)$ 的梯度算子为

$$\nabla \varphi = \frac{\partial \phi}{\partial \xi_i} \boldsymbol{g}^i \equiv \varphi_{,i} \boldsymbol{g}^i \qquad (B.17)$$

（2）矢量 $\boldsymbol{v} = \boldsymbol{v}(v^1, v^2, v^3)$ 的散度算子为

$$\begin{aligned} \nabla \cdot \boldsymbol{v} &= \frac{\partial}{\partial \xi_i} (\boldsymbol{g}_j v^j) \boldsymbol{g}^i = \left[\left(\frac{\partial \boldsymbol{g}_j}{\partial \xi_i} \right) v^j + \left(\frac{\partial v^j}{\partial \xi_i} \right) \boldsymbol{g}_j \right] \boldsymbol{g}^j \\ &= v_{,i}^j + v^k \Gamma_{ik}^j \end{aligned} \qquad (B.18)$$

式（B.18）右端第一项定义了 v^j 对应于 ξ_i 的导数：

$$v^j{}_{,i} \equiv \frac{\partial v^j}{\partial \xi_i} \tag{B.19}$$

第二类克里斯托弗尔（Christoffel）符号定义如下：

$$\Gamma^j_{ik} = \frac{\partial^2 x_m}{\partial \xi_i \partial \xi_k} \cdot \frac{\partial \xi_j}{\partial x_m} \tag{B.20}$$

（3）矢量 $\boldsymbol{v} = \boldsymbol{v}(v_1, v_2, v_3)$ 的旋度算子为

$$\nabla \times \boldsymbol{v} = \boldsymbol{g}^k \frac{\partial}{\partial \xi_k} \times (\boldsymbol{g}^i v_i) = \boldsymbol{g}^k \times \boldsymbol{g}^i v_{i,k} + \boldsymbol{g}^k \times \boldsymbol{g}^i{}_{,k} v_k \tag{B.21}$$

$$= \varepsilon^{kim} \boldsymbol{g}_m v_{i,k}$$

式中 ε^{kim} ——式（B.11）给出的排列符号。

式（B.21）右端第三项定义了 v_i 对应于 ξ_k 的导数：

$$v_{i,k} \equiv \frac{\partial v_i}{\partial \xi_k} \tag{B.22}$$

附录C
含复系数的特征方程解

含复系数的二次特征方程由振动方程得到

$$D(s) \equiv s^2 + (a + jb)s + (c + jd) \equiv 0 \qquad (C.1)$$

式中：$s = (\alpha + j\omega_n) \in \mathbf{C}$ 为复特征值；$a, b, c, d \in \mathbf{R}$ 为实数。

通过求解特征方程 $D(s) = 0$ 可得特征值为

$$s_{1,2} = -\left(\frac{a + jb}{2}\right) \pm \sqrt{\left(\frac{a + jb}{2}\right)^2 - (c + jd)} = \alpha \pm j\omega_n \qquad (C.2)$$

将特征值的实部和虚部整理后得到[8]

$$\alpha = -\frac{a}{2} \pm \frac{1}{\sqrt{2}} \left[\left(\frac{a^2 - b^2}{4} - c\right) + \sqrt{\left(\frac{a^2 - b^2}{4} - c\right)^2 + \left(\frac{ab}{2} - d\right)^2}\right]^{\frac{1}{2}}$$

$$\qquad (C.3)$$

和

$$\omega_n = \frac{b}{2} \pm \frac{1}{\sqrt{2}} \left[-\left(\frac{a^2 - b^2}{4} - c\right) + \sqrt{\left(\frac{a^2 - b^2}{4} - c\right)^2 + \left(\frac{ab}{2} - d\right)^2}\right]^{\frac{1}{2}}$$

$$\qquad (C.4)$$

转子动力学稳定性的必要条件是特征值的实数项 α 必须为负数，即

$$\alpha = -\frac{a}{2} \pm \frac{1}{\sqrt{2}} \left[-E + \sqrt{E^2 + F^2}\right]^{\frac{1}{2}} < 0 \qquad (C.5)$$

式中

$$E = -\left(\frac{a^2 - b^2}{4} - c\right) \equiv -\left(\frac{a^2 - b^2}{4}\right) + c \qquad (C.6)$$

$$F \equiv \frac{ab}{2} - d \qquad (C.7)$$

因此,由式(C.5)给出的转子稳定性条件($\alpha < 0$)经过几个计算步骤后如下:

$$a(ac + bd) - d^2 \geqslant 0 \qquad\qquad (C.8)$$

附录D
线性气动声学的稳定性条件

特征值分析基于线性振动中的自由振动响应,自由振动响应由没有噪声源激励时线性气动声学系统的谐波分量叠加得到。事实上,自由振动响应恰好是振动方程的齐次解,每个谐波分量有一个复特征值,其虚部是振动系统的特征频率(固有频率),实部是振动系统的稳定性特征。

系统的自由振动响应可以表示为

$$r(t) = \sum_{i=1}^{N} r_i e^{\lambda_i t} \tag{D.1}$$

式中 r_i ——对应特征值的响应幅值;

λ_i ——对应特征模态 i 的复特征值;

N ——振动系统自由度(DOF)个数。

复特征值由实部和虚部组成:

$$\lambda = \alpha + j\omega_d \tag{D.2}$$

式中 α ——特征值的实部,称为增长/衰减率;

ω_d ——复特征值的虚部,称为特征频率或者考虑阻尼的固有频率。

将 λ 代入式(D.1),可以通过欧拉定理得到振动自由响应:

$$
\begin{aligned}
r(t) &= \sum_{i=1}^{N} r_{i,\text{fw}} e^{\alpha_i t} e^{j\omega_i t} + \sum_{i=1}^{N} r_{i,\text{bw}} e^{\alpha_i t} e^{-j\omega_i t} \\
&= \sum_{i=1}^{N} r_{i,\text{fw}} e^{\alpha_i t} [\cos(\omega_i t) + j\sin(\omega_i t)] + \sum_{i=1}^{N} r_{i,\text{bw}} e^{\alpha_i t} [\cos(-\omega_i t) + j\sin(-\omega_i t)] \\
&\equiv x(t) + jy(t)
\end{aligned}
\tag{D.3}
$$

式(D.3)中方括号内的部分是特征频率正向和反向频率分量的谐波振动,因此,任意时间 t 对应的最大幅值为1,方括号前包含指数函数的项 $\exp(\alpha_i t)$ 随时间变化。噪声响应幅值取决于增长/衰减率 α_i ,如果 α_i 是正的,噪声幅值会随着时间无限制的增加,在任何正 α 值下噪声响应都是不稳

定的,因此 α 是线性气动声学噪声稳定性分析中的关键参数。

在不同增长/衰减率 α 下的噪声响应特性: $\alpha < 0$,稳定; $\alpha = 0$,不稳定起始点(不稳定阈值); $\alpha > 0$,不稳定。

在衰减率($\alpha < 0$)下,对应频率 ω 的振动幅值在短时间内减小,振动包络为指数函数 $r_0 \exp(\alpha t)$,随着时间从 $t = 0$ 时刻的初始位置 r_0 逐渐减小至 0,相应的正向轨迹也随着 $t \to \infty$ 从初始位置 r_0 逐渐减小至 0。相反,在增长率($\alpha > 0$)的情况下,振动从初始位置开始随时间呈指数增加,因此其振动是不稳定的。

因为函数 $r_0 \exp(\alpha t)$ 的幅值在任意时刻 t 时均保持初始值 r_0 不变,在 $\alpha = 0$ 时,振动幅值不随时间变化,既不随着时间减少也不随着时间增加。噪声振动在霍普夫(Hopf)分岔处进入被称为极限环的圆迹运动,此时振动处于不稳定的阈值处(不稳定起始点)。

如图 D.1 所示,为了研究噪声振动稳定性,在 λ 平面内对复特征值 λ 进行分析,复特征值和其共轭特征值具有相同的实部和相反的虚部,分别对应于正向和反向有阻尼的固有频率。若两个特征值均位于左半平面($\alpha < 0$),噪声振动特性是稳定的;若均位于右半平面($\alpha > 0$),则是不稳定的。当处于不稳定阈值($\alpha = 0$)时,振动幅值是常数,既不随着时间减小也不增大,只随有阻尼的固有频率 ω_d 运动。

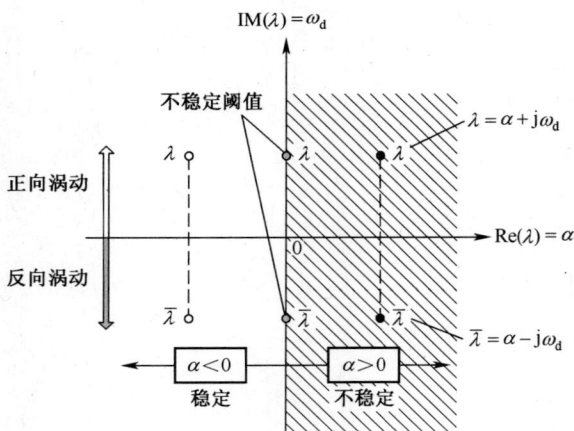

图 D.1　λ 平面内的稳定性分析

为保持噪声振动处于稳定状态,振动系统的所有特征值都应位于左半平面,以保证增长/衰减率为负数,在这种情况下,如图 D.1 所示,有两种可

能性：

（1）当特征值位于左半平面的上部,振动响应为稳定的正向涡动且随时间从初始值衰减至 0。

（2）当特征值位于左半平面的下部,振动响应为稳定的反向涡动且随时间从初始值衰减至 0,涡动方向与正向涡动相反。

附录E
劳斯–赫尔维茨稳定性判据

特征方程是一个 n 次多项式方程：

$$D(\lambda) = a_n\lambda^n + a_{n-1}\lambda^{n-1} + \cdots + a_2\lambda^2 + a_1\lambda + a_0 = 0 \qquad (E.1)$$

式中 λ ——复特征值，且 $\lambda = \alpha + j\omega_d$；

       a_i ——方程的系数（$i = 0,1,2,\cdots,n$）；

       n ——多项式指数，值为自由度的 2 倍（$n = 2N$）。

式（E.1）可以使用高斯定律改写为 λ 的 n 次多项式：

$$D(\lambda) = a_n(\lambda - \lambda_1)(\lambda - \lambda_2)\cdots(\lambda - \lambda_{n-1})(\lambda - \lambda_n) \qquad (E.2)$$

式中 λ_i —— $D(\lambda)$ 的根。

通过式（E.1）找到 $D(\lambda)$ 的根 λ_i 是相当困难的，尤其是对自由度数较高的情况。事实上，稳定性分析只需要特征值的实部 α，而不需要知道根 λ_i 的确切值。因此，劳斯–赫尔维茨稳定性判据可用于分析线性振动系统的特征值。

根据劳斯–赫尔维茨稳定性判据，当满足下述两个条件时振动响应是稳定的：

（1）特征方程式（E.1）中所有的系数 a_i 必须是非零的且有相同的正、负号（必要条件）；

（2）赫尔维茨行列式 D_{n-1} 及其对角行列式 D_i（$i = 1,2,\cdots,n-2$）必须为正数（充分条件）。

$$D_{n-1} = \begin{vmatrix} a_{n-1} & a_{n-3} & a_{n-5} & \cdot & \cdots & \cdot & 0 \\ a_n & a_{n-2} & a_{n-4} & \cdot & \cdots & \cdot & 0 \\ 0 & a_{n-1} & a_{n-3} & a_{n-5} & \cdots & \cdot & \cdot \\ 0 & a_n & a_{n-2} & a_{n-4} & \cdots & \cdot & \cdot \\ 0 & 0 & \cdot & \cdot & \cdots & a_1 & 0 \\ 0 & 0 & \cdot & \cdot & \cdots & a_2 & a_0 \\ 0 & 0 & \cdot & \cdot & a_5 & a_3 & a_1 \end{vmatrix} > 0 \qquad (E.3)$$

式中:所有负指数 $(n-i)$ 对应的系数 a_{n-i} 等于 0($i=1,2,\cdots,n$)。

n 次($n=2N$)特征方程 $D(\lambda)$ 可用赫尔维茨行列式 D_{n-1} 和对角行列式 D_i 表示为

$$D_1 = \left| a_n - 1 \right| > 0 \qquad (\text{E.4})$$

$$D_2 = \begin{vmatrix} a_{n-1} & a_{n-3} \\ a_n & a_{n-2} \end{vmatrix} > 0 \qquad (\text{E.5})$$

$$D_3 = \begin{vmatrix} a_{n-1} & a_{n-3} & a_{n-5} \\ a_n & a_{n-2} & a_{n-4} \\ 0 & a_{n-1} & a_{n-3} \end{vmatrix} > 0 \qquad (\text{E.6})$$

$$\vdots$$

$$D_{n-2} = \begin{vmatrix} a_{n-1} & a_{n-3} & a_{n-5} & \cdots & \cdot & 0 \\ a_n & a_{n-2} & a_{n-4} & \cdots & \cdot & 0 \\ 0 & a_{n-1} & a_{n-3} & \cdots & \cdot & 0 \\ 0 & a_n & a_{n-2} & \cdots & \cdot & a_0 \\ 0 & 0 & \cdot & \cdots & a_3 & a_1 \\ 0 & 0 & \cdot & \cdots & a_4 & a_2 \end{vmatrix} > 0 \qquad (\text{E.7})$$

Hung Nguyen-Schäfer 博士是德国博世马勒涡轮增压系统（BMTS）公司的资深专家。1985 年他在德国卡尔斯鲁厄大学机械工程系获得工科学士和硕士学位，研究方向为流体机械非线性振动；并于 1988 年在同所大学以非线性热力学、流体动力学研究获得博士学位。1988 年他进入博世（Bosch）公司并以技术主管身份参与多项开发项目。

自 2007 年开始，他在位于德国斯图加特的博世（Bosch）公司和马勒（Mahle）公司的合资公司负责博世马勒涡轮增压系统中车用涡轮增压器的转子动力学、轴承和设计平台研究。同时，他也是施普林格（Springer）2012 年出版的 *Rotordynamics of Automotive Turbochargers* 一书的作者。

A

Absolute velocity	绝对速度
Acceleration amplitude	加速度幅值
Acoustic camera	声像仪
Acoustic perturbation equations（APE）	声扰动方程
Acoustic propagation	声传播
Aerodynamic noise	气动噪声
Airborne noise	空气噪声
Airflow reversal	回流
Angular momentum	角动量
Angular momentum equation	角动量方程
Angular velocity	角速度
Average fluid velocity ratio	平均流体速度比

B

Backward swept	后弯式
Backward whirl	反向涡动
Ball passing frequency	滚珠通过频率
BEA	边界元声学
Bearing filling grade	油液填充比
Beat phenomena	拍现象
Biturbocharger	双涡轮增压器
Blade outlet	叶轮出口
Boundary element method	边界元方法
Bubble fraction	气泡分数
Bunsen's coefficient	本生系数

C

CAA	计算气动声学
Cameron and Vogel's equation	卡梅伦-沃格尔方程
Campbell diagram	坎贝尔图
Carrier frequency	载波频率
CFD	计算流体力学
Characteristic equation	特征方程
CHIEF	组合亥姆霍兹积分方程
CHRA	轴承室和转子系统
Christoffel symbol	克里斯托弗尔符号
Circumferential velocity	圆周速度
Complex dynamic stiffness	复动刚度
Complex eigenvalue	复特征值
Complex transfer impedance	复传递阻抗
Compression wave	压缩波
Compressor	压气机
Compressor characteristic slope	压气机特性线斜率
Compressor specific work	压气机比功率
Compressor surge	压气机喘振
Compressor tongue	压气机蜗舌
Compressor volute	压气机蜗壳
Compressor wheel	压气机叶轮
Computational nonlinear rotordyna- mics(CNR)	计算非线性转子动力学
Computational rotordynamics	计算转子动力学
Conical mode	圆锥模态
Constant tone	油膜涡动噪声
Contravariant basis vectors	逆变基矢量
Corrected mass flow rate	修正质量流量
Couple unbalance	耦合不平衡
Covariant basis vectors	协变基矢量
Crackling noise	废气旁通阀噪声
Cross-coupled damping coefficient	耦合阻尼系数

Cross-coupled stiffness coefficient   耦合刚度系数

Cylindrical mode   圆柱模态

D

Damping ratio   阻尼比

Decay rate   衰减率

Deep surge   深度喘振

De Haller's rule   德哈勒定律

Diffuser   扩压器

Dirichlet boundary condition   狄利克雷边界条件

Discrete Fourier Transform（DFT）   离散傅里叶变换

DNS   直接数值模拟

Downsized engine   小型化发动机

Downsizing   小型化

DPF   柴油机颗粒过滤器

Dynamic instability   动态不稳定性

Dynamic temperatures   动态温度

Dynamic unbalance   动态不平衡

Dynamic viscosity   动力学黏度

E

Eccentricity   轴颈偏心率

Eigenfrequency   特征频率

Emission law   排放法规

Engine noise   发动机噪声

Euler's turbocharger equation   欧拉涡轮方程

Exhaust gas recirculation   废气再循环

Exhaust-gas turbochargers   废气涡轮增压器

Expansion wave   膨胀波

F

Far-Field simulation   远场模拟

FEM   有限元法

Ffowcs Williams and Hawkings'   福茨威廉姆斯-霍金斯方程
 equation（FWHE）

Floating ring bearings	浮环轴承
Flow instabilities	流动不稳定性
Flow separation	流动分离
Forward propagating pressure	正向传播压力
Forward whirl	正向涡动
Free vibration response	自由振动响应
Fundamental train frequency	保持架缺陷频率

G

Galerkin formulation	伽辽金形式
Gauss divergence theorem	高斯散度定理
Green's second theorem	格林第二定理
Growling noise	失速噪声

H

Heat capacity	热容
Helmholtz equation	亥姆霍兹方程
Helmholtz frequency	亥姆霍兹频率
Henry–Dalton's law	亨利–道尔顿定律
Highland speed reserve	高原转速储备
High–order harmonic noise	高次谐波噪声
High–pressure EGR	高压废气再循环
Homogeneous solutions	齐次解
Hopf bifurcation	霍普夫分岔
Howling	振鸣
HPDI	高压直喷
Hub	轮毂

I

Impeller	叶轮
Inlet flow angle	进口气流角
Instability	不稳定性
Inverse square law	平方反比定律
Isentropic coefficient	绝热系数
Isentropic exponent	绝热指数

K

Kirchhoff–Helmholtz integral equation   基尔霍夫-亥姆霍兹积分方程

Kronecker delta tensor   克罗内克符号张量

L

Laplacian operator   拉普拉斯算子

Lighthill's analogy   莱特希尔声类比

Lighthill's equation   莱特希尔方程

Limit acceleration responses   极限加速响应

Limit cycle   极限环

Linear rotordynamics   线性转子动力学

Linearized Euler's equations (LEE)   线性欧拉方程

Low-cycle fatigue   低周疲劳

Low-end torque   低扭矩

Low-pressure EGR   低压废气再循环

Low-speed balancing   低速平衡

LP-EGR   低压废气再循环

LSB   噪声下边带频率

M

Mach number   马赫数

Meridional velocity component   子午面速度分量

Mild surge   中度喘振

Misalignment   偏心

Misalignment angle   偏心角

Modulations   调制

mpg   每加仑汽油行驶英里数

N

Nabla operator   矢量微分算子(倒三角算子)

Neumann boundary condition   诺依曼边界条件

Noise impedance   声阻抗

Noise intensity   声强

Noise power   声功率

Noise power level   声功率级

Noise pressure level   声压级

Noise source strength	声源强度
Nonlinear aeroacoustics	非线性气动声学
Nonlinear rotordynamics	非线性转子动力学

O

Oil mixture density	油液混合物密度
Oil whirl	油膜涡动
Onset of instability	不稳定起始点
Outlet blade angle	出口叶片角
Overall turbochargerefficiency	涡轮增压器总效率

P

Perturbed density	扰动密度
Perturbed medium density	扰动气体密度
Perturbed medium temperature	扰动气体温度
Perturbed noise pressure	扰动声压
Perturbed temperature	扰动温度
Pitch diameter	中径
Pressure ratio	压比
Pressure side	压力面
Propagating noise pressure	传播声压
Propagating wave front	声波波前
Pulsation whistle	脉动啸叫噪声

R

Radial bearings	径向轴承
Radial compressor wheel	径流式压气机叶轮
Rayleigh-Ritz method	瑞利-里兹法
Residual unbalance	残余不平衡
Resonance	共振
Reynolds lubrication equation	雷诺润滑方程
Reynolds number	雷诺数
Rigid rotors	刚性转子
Ring speed ratio	环速比
Robin boundary condition	洛平边界条件
Rolling-element bearings	滚动轴承

Rotating floating ring bearings	旋转浮环轴承
Rotating stall	旋转失速
Rotational noise	旋转噪声
Rotordynamic noise	转子动力学噪声
Routh–Hurwitz criterion	劳斯–赫尔维茨判据
S	
Shop balancing	低速平衡
Shroud	轮毂
Single–stage turbocharger	单级涡轮增压器
Sommerfeld number	索末菲数
Sonic speed	声速
SOP	生产启动阶段
Sound speed	声速
Specific enthalpy	比焓
Specific internal energy	比内能
Specific kinetic energy	比动能
Stability	稳定性
Static instability	静态不稳定
Static temperature	静温
Static unbalance	静态不平衡
Statically stable	静态稳定
Statically unstable	静态不稳定
Sturm–Liouville problems	斯图姆–刘维尔问题
Subsynchronous	次同步
Subsynchronous noise	次同步噪声
Suction side	吸力面
Super back	背面
Supersynchronous	超同步
Synchronous and asynchronous noise	同步与异步噪声
T	
Threshold of instability	不稳定阈值
Threshold of static instability	静态不稳定阈值
Throttle characteristic	节流特性

Throttle characteristic slope	节流特性线斜率
Thrust bearing	推力轴承
Total enthalpy	总焓
Total pressure	总压
Total temperature	总温
Transfer impedance	传递阻抗
Trim balancing	高速平衡
Turbo-compound	复合式涡轮增压器
Two-stage turbochargers	两级涡轮增压器
Two-times ball spin frequency	二次滚珠自旋频率

U

Unbalance change	不平衡变化
Unbalance moment	不平衡力矩
Unbalance whistle	不平衡啸叫噪声
USB	噪声上边带频率

V

VCR	可变压缩比
Velocity triangle map	速度三角形
Vibration modes	振动模态
Volume acceleration	体积加速度
Volume velocity	体积速度
VVT	可变气门系统

W

Waterfall plot	瀑布图
Wave equation	波动方程
Wavelength	波长
Wavenumber	波数
Wear noise	磨损噪声
Whining noise	喘振噪声

内容简介

本书从工业实践出发,结合理论研究,系统地分析了涡轮增压器噪声类型、产生机理、传播规律、频谱特征和控制措施等,重点介绍了不同类型气动噪声和振动噪声的产生机理与分析方法,尤其对增压器转子动力学噪声的产生机理做了详细的描述,并依托作者的工程经验给出了行之有效的降噪措施。

本书是车用涡轮增压器噪声领域最新的研究成果,可作为大专院校的气动及振动声学教材,也可作为涡轮增压器行业工程技术人员的参考用书。

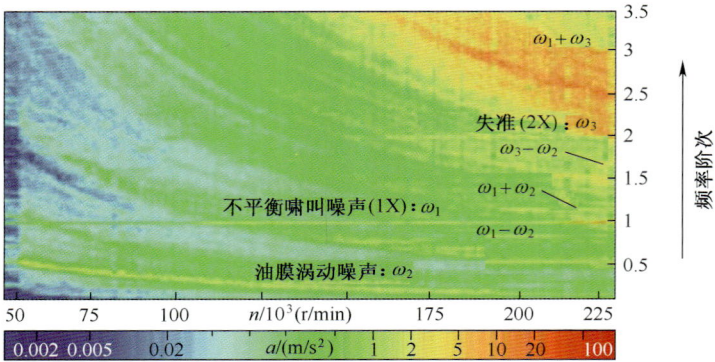

图 3.12 瀑布图中的噪声调制频率(由 BMTS 提供)

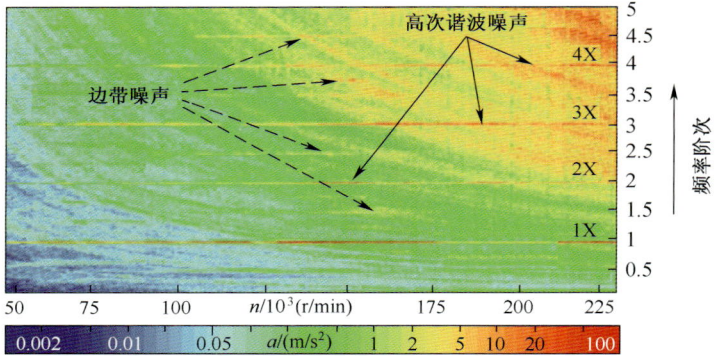

图 4.19 带滚珠轴承涡轮增压器噪声谱(由 BMTS 提供)

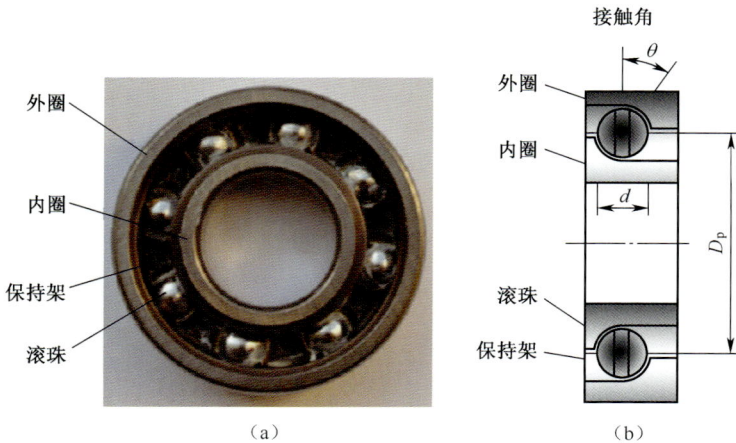

(a)   (b)

图 4.20 角接触滚珠轴承关键元件

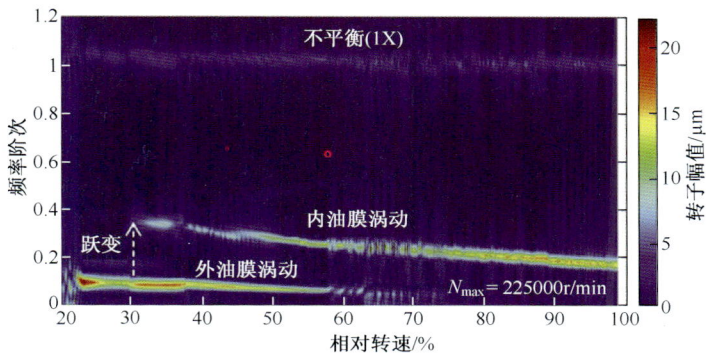

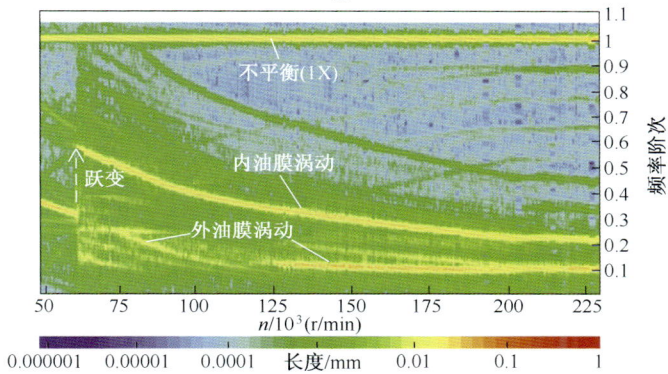

图 5.9　S1 处的轴颈振动瀑布图[4]

(a) 计算；(b) 试验。

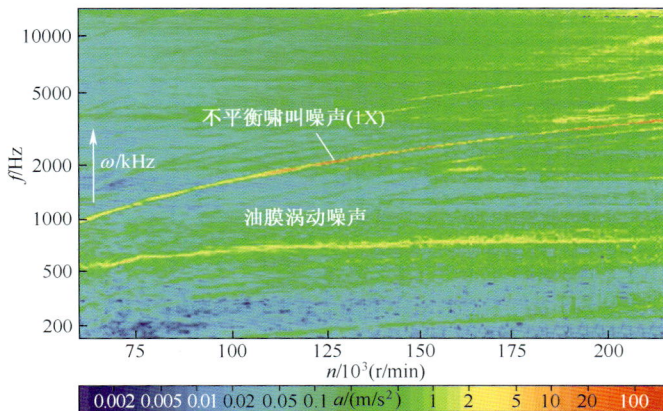

图 6.1　轴承室测得的加速频谱瀑布图

改变其固有频率,以降低由油膜涡动噪声激发的共振幅值(见第 7 章)。

　　下面介绍两种降低车用涡轮增压器油膜涡动噪声的示例,分别为降低内轴承间隙(主动措施)和增大外轴承间隙(被动措施)。如图 6.10 所示,采用主动措施时,内轴承间隙 $2c_1$ 从 $23\mu m$ 降至 $15\mu m$,与加速相关的油膜涡动噪声可由加速度来表示,加速度从最大轴承间隙 $23\mu m$ 时的 $8\ m/s^2$ 降低至最小轴承间隙 $15\mu m$ 时的 $3\ m/s^2$。该结果表明内轴承间隙越小,油膜涡动噪声水平越低,轴颈偏心距也减小,因此,根据式(6.18),油的涡动体积流量降低,油膜涡动噪声水平降低。相反,当轴承刚度系数较小时,轴颈偏心距在较大的内轴承间隙 $2c_1$ 情况下增加,使得油膜涡动噪声水平增加。值得注意的是,小的内轴承间隙因为硬质颗粒磨损和轴承摩擦造成的较高油温,将分别导致轴承磨损和轴承间隙内的滑油焦化。

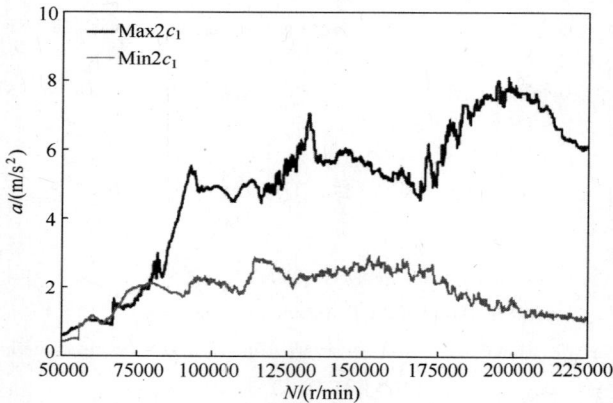

图 6.10　轴承壳体中测得最小/最大内轴承间隙下油膜涡动噪声水平[4]

　　被动措施通过增加外部轴承间隙 $2c_2$ 来降低油膜涡动噪声,图 6.11 中的测试结果显示外油膜厚度越大,油膜涡动噪声水平越低。较大的外油膜厚度产生较小的轴承摩擦,外油膜温度降低,使得阻尼效应因外油膜中较大的轴承涡动频率而增加,阻碍了油膜涡动噪声通过外油膜的传递。外油膜中的轴承摩擦随着外轴承间隙 $2c_2$ 减小而增加,油温升高,使得外油膜中的滑油粘度降低,因此,由于油膜涡动频率降低,外油膜阻尼系数减小,油膜涡动噪声在通过外油膜传递时得到了抑制。例如,如图 6.11 所示,外部轴承间隙从 $68\mu m$ 增大到 $84\mu m$,对应于加速度响应的油膜涡动噪声从最小轴承间隙 $68\mu m$ 的 $7m/s^2$ 降低至最大轴承间隙 $84\mu m$ 时的约 $4m/s^2$。然而,外油膜刚度系数随着外部轴承间隙增大而减小,外油膜中的转子幅值变得不稳定,

导致轴承环和轴承室之间处于混合边界润滑中的轴承磨损,在这种情况下,应小心求证最大外部轴承间隙是否满足运行转速范围内的转子动力学稳定条件。

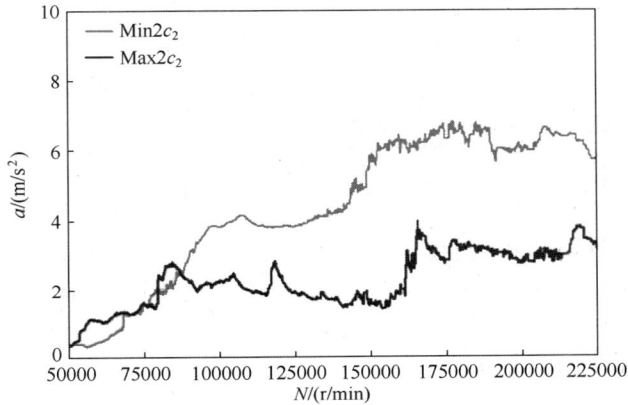

图 6.11　轴承壳体中测得最小/最大外轴承间隙下油膜涡动噪声水平[4]

参 考 文 献

[1] Hori, Y.: Hydrodynamic lubrication. Springer, (2006).

[2] Muszýnska, A.: Rotordynamics. CRC Press, (2005).

[3] Nguyen-Schäfer, H.: Rotordynamics of Automotive Turbochargers. Springer, Berlin-Heidel-berg (2012).

[4] Nguyen-Schäfer, H., Kleinschmidt, R.: Analysis and nonlinear rotordynamics computation of constant tone in automotive turbochargers, 17th ATK conference. Dresden, Germany (2012).

第7章
降低油膜涡动噪声特征频率的优化方法

如图 6.2 所示,由内油膜涡动引起的油膜涡动噪声通过油膜和涡轮增压器的周围部件,如轴承室、压气机壳体、空气滤清器、空气冷却器、排气系统和车身框架传播至车厢。在传播过程中,油膜涡动噪声会激励部件尤其是涡轮增压器周围的部件,如图 7.1 所示,当部件的特征频率 $\omega_{c,i}$ 和 $\omega_{c,k}$ 与内油膜涡动的激励频率 $\omega_{IOW,min}$ 和 $\omega_{IOW,max}$ 相等时会产生共振。

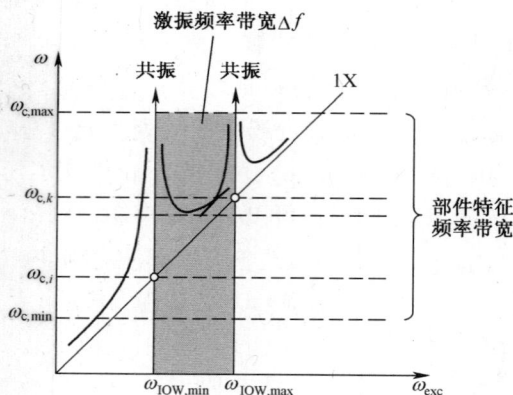

图 7.1 增压器周围部件的坎贝尔(Campbell)图

部件的响应幅值可以额外放大油膜涡动噪声频率对应的频带 Δf 内的空气噪声水平。如 6.5 节所述,这种人耳可听的噪声通常被视为是油膜涡动噪声,尤其是在加速和减速阶段,400~600Hz 频率范围内,因此,噪声水平与车辆特征紧密相关。如在一种车型中听不到的油膜涡动噪声,在另一种车型中即使使用相同的涡轮增压器却可以听到,在这种情况下,车辆的固有频率决定了空气噪声的量级。

部件特征频率由部件的刚度系数 K 和质量 m 计算得到[1,4]:

$$\omega_c = \sqrt{\frac{K}{m}} \tag{7.1}$$

图 7.1 是一个邻近涡轮增压器部件的坎贝尔图,处在同步激动线基频上的每一个部件固有频率都和油膜涡动噪声频率相等,因此,在部件固有频率和油膜涡动噪声频带宽的交点上会有很多共振现象发生。周围部件共振幅值增强了油膜涡动噪声带宽内的空气噪声,在这种情况下,不仅又油膜涡动噪声本身,由于受激部件共振产生的噪声在车内也能听到。

为了降低或避免增强空气噪声,部件特征频率应当避开油膜涡动噪声激励频率范围以保证在油膜涡动噪声频带内无共振现象发生。由式(7.1)可知,可以通过增大刚度系数或降低部件质量来改变部件固有频率。如图 7.2 所示,刚度系数增大,可以使部件最小特征频率超过油膜涡动噪声最大频率,因此,共振幅值远离共振频率且其值很小,从而降低了空气噪声水平。为了增加固有频率,增压器周围部件应当增加刚度和阻尼,或增大壁面厚度。针对长的柔性空气管路,整条管路通过一些阻尼支撑进行固定,以此增加其刚度系数,然而,加固发动机上的所有部件是很难的。为了检测发动机部件的噪声,可以使用一台三维声像仪来分析和显示不同运行工况下发动机的空气噪声场,噪声声压级可以通过传声器阵列进行记录,如使用由120 个传声器组成的环形、球形和近场平面阵列。通过分析和评估软件,如噪声成像软件(Software Noise Image),可以显示由涡轮增压器自身和它的周围部件诱导产生的噪声场,同样也可以显示噪声频谱图(瀑布图),这种方法可以在实际车型中有效的检测应该改善哪个部件的刚度。

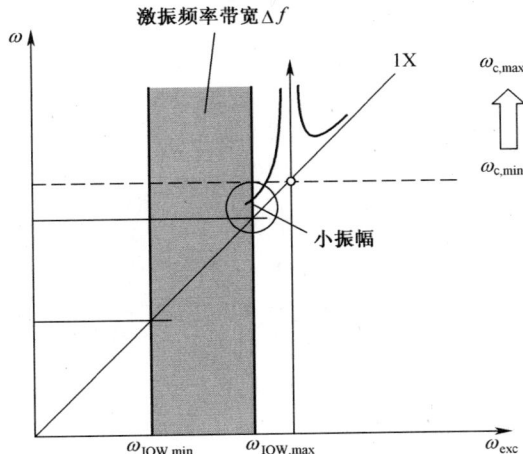

图 7.2　优化后增压器周围部件的坎贝尔图